बिजनेस कोहिनूर
रतन टाटा

बिजनेस कोहिनूर
रतन टाटा

संकलन एवं संपादन

बी.सी. पांडेय

प्रकाशक • **प्रभात प्रकाशन प्रा. लि.**
4/19 आसफ अली रोड,
नई दिल्ली–110002

संस्करण • 2025
मूल्य • चार सौ पचास रुपए
मुद्रक • आर–टेक ऑफसेट प्रिंटर्स, दिल्ली

BUSINESS KOHINOOR : RATAN TATA

Ed. Shri B.C. Pandey ₹ 450.00

Published by Prabhat Prakashan Pvt. Ltd., 4/19 Asaf Ali Road, New Delhi-2

e-mail: prabhatbooks@gmail.com ISBN 978-93-90101-08-5

टाटा समूह के पितामह

'भारत रत्न' **श्री जे.आर.डी. टाटा**

को समर्पित, जिन्होंने

उद्यमशीलता

को

एक नई परिभाषा,

नई दिशा दी।

भूमिका

भारतीय उद्योग जगत् के सबसे चमकते सितारे, टाटा ग्रुप जैसे विशाल औद्योगिक साम्राज्य के सर्वेसर्वा रतन टाटा का विश्व उद्योग-जगत् में भी अपना एक विशिष्ट स्थान है।

वर्तमान परिवेश में टाटा ग्रुप को न केवल स्वदेश बल्कि विदेशों में भी अहम स्थान दिलाने में उनकी भूमिका एवं नेतृत्व का सराहनीय योगदान रहा है।

जे.आर.डी. टाटा द्वारा जब औद्योगिक विरासत का उत्तरदायित्व रतन टाटा को दिया गया था, तब उनके समक्ष अपनी योग्यता और उद्योगी समझ को प्रमाणित करने की कठिन चुनौती थी। उन्हें यह प्रमाणित करना था कि वह टाटा समूह के चेयरमैन टाटा परिवार से संबद्ध होने के कारण नहीं, बल्कि अपनी योग्यता और प्रतिभा के बल पर बने हैं। टाटा समूह के तत्कालीन प्रभावशाली व्यक्ति रतन टाटा को संदेह व उपहास की दृष्टि से देख रहे थे। उनके आलोचक भी कम सक्रिय न थे। लेकिन रतन टाटा ने कुछ ही वर्षों में अपनी विलक्षण प्रतिभा के कृतित्व से सभी को विस्मित कर दिया। उनकी चेयरमैनशिप में टाटा समूह ने अंतरराष्ट्रीय स्तर पर अपनी मजबूत उपस्थिति दर्ज कराई। इतना ही नही, उन्हें 'भारतीय हेनरी फोर्ड' के शीर्षक से सम्मानित किया गया। उन्हें भारत की सड़क क्रांति का अग्रदूत कहकर संबोधित किया गया। 'लखटकिया नैनो' इनकी प्रतिभा, लगनशीलता एवं दूरदर्शिता का अनुपम उदाहरण है।

यह भी उल्लेखनीय है कि जिस औद्योगिक विरासत की देखभाल आज रतन टाटा कर रहे हैं, उसे स्थापित, परिमार्जित एवं परिवर्द्धित करने में ग्रुप के संस्थापक जमशेदजी टाटा से लेकर रतन टाटा के पूर्ववर्ती जे.आर.डी. टाटा तक इस घराने के सभी युगद्रष्टा पुरोधाओं की एक विशिष्ट भूमिका रही है।

टाटा ग्रुप को वर्तमान मुकाम तक पहुँचाने में उन अवस्थापनाओं, कार्य

परिवेश एवं मानदंडों का भी एक सशक्त स्थान है, जो इन पुरोधाओं ने स्थापित किए थे। अत: 'टाटा परिवार' के उन सभी चमकते सितारों का यहाँ उल्लेख करना समीचीन होगा, जिन्होंने इसके संचालन एवं इसमें उत्तरोत्तर वृद्धि के लिए अनवरत कार्य किया। केवल तभी रतन टाटा के व्यक्तित्व एवं कार्यों का समग्र एवं सही मूल्यांकन संभव है। इस तथ्य को ध्यान में रखकर पुस्तक के प्रारंभ में उनके बारे में आवश्यक सामग्री प्रस्तुत की गई है। आशा है, पुस्तक पाठकों के लिए प्रेरणास्पद एवं लाभदायक सिद्ध होगी।

अनुक्रम

भूमिका 7

1. पारिवारिक पृष्ठभूमि 11
2. जमशेदजी टाटा 14
3. सर दोराबजी टाटा 22
4. लेडी मेहरबाई 25
5. रतन दादाभाई टाटा 28
6. सर रतन टाटा 32
7. लेडी नवाजबाई 37
8. नवल होरमुसजी टाटा 39
9. जे.आर.डी. टाटा 44
10. रतन टाटा 49
11. रतन टाटा के नेतृत्व में टाटा ग्रुप का सफर 52
12. रतन टाटा की दूरदर्शिता 55
13. पक्का इरादा 58
14. टाटा के स्वामित्व की कुछ प्रसिद्ध कंपनियाँ एवं ब्रांड 63
15. टाटा केमिकल्स 67
16. टाटा मोटर्स 70
17. टाटा चाय 75
18. टाटा पावर 78
19. टाटा कंसल्टेंसी सर्विसेज 80
20. टाटा टेलीसर्विसेज 85
21. टाटा कम्युनिकेशंस 88

22.	टाटा स्काई	89
23.	टाइटन इंडस्ट्रीज	90
24.	तनिष्क	92
25.	टाटा टेक्नोलॉजीज	94
26.	वोल्टास लिमिटेड	95
27.	टाटा ए.आई.जी.	96
28.	द ताज ग्रुप	97
29.	टाटा ग्रुप के समुद्र पारीय बड़े अधिग्रहण	102
30.	कुछ महत्त्वपूर्ण उपलब्धियाँ	104
31.	जगुआर लैंड रोवर का अधिग्रहण	108
32.	टाटा संस के चेयरमैन	112
33.	टाटा ग्रुप : कुछ तथ्य	113
34.	रतन टाटा को प्राप्त सम्मान	115
35.	उदारता में सर्वोपरि	117
36.	सर रतन टाटा का योगदान	119
37.	सर रतन टाटा ट्रस्ट	122
38.	सर दोराबजी टाटा ट्रस्ट	125
39.	आपदाओं में राहत कार्य	128
40.	नैनो : जनता की कार का निर्माण	130
41.	सिंगूर भूमि अधिग्रहण विवाद	137
42.	नैनो परियोजना की स्थापना का नया केंद्र साणंद (गुजरात)	140
43.	नैनो का बाजार में प्रवेश	142
44.	रतन टाटा : सौम्य एवं गरिमामय व्यक्तित्व	144
45.	ऐसे हैं रतन टाटा	148
46.	रतन टाटा के सक्सेस PRINCIPLES	150
47.	रतन टाटा की श्रेष्ठ 15 बातें	172
	संदर्भ	184

पारिवारिक पृष्ठभूमि

समझा जाता है कि पारसी जाति सैकड़ों वर्ष पूर्व पर्शिया (वर्तमान ईरान) में निवास करती थी। वहीं से यह दुनिया के तमाम देशों में फैली। इसी अनुक्रम में सदियों पूर्व पारसियों का भारत में भी आगमन हुआ। विश्व के कई क्षेत्रों में फैले होने के बावजूद इनकी संख्या काफी कम है। ये लोग विशेषत: अग्निपूजक माने जाते हैं; लेकिन सूर्य, चंद्रमा तथा वायु की भी पूजा करते हैं। पुराने समय में पारसी संप्रदाय में तीरंदाजी, घुड़सवारी सीखने और चरित्र-निर्माण पर विशेष बल दिया जाता था। समय के साथ-साथ कई क्षेत्रों में बदलाव अवश्यंभावी था। फिर भी, जाति की शुद्धता तथा सुचरित्र के प्रति इनका आग्रह कमोबेश अभी तक बरकरार है। अपवादों को छोड़कर ये लोग अन्य जाति व समाज में विवाह संबंध नहीं जोड़ते थे, भले ही नजदीकी रिश्तों में शादियाँ कर लेते थे, ताकि जाति की विशुद्धता को बचाए रखा जा सके। यह वर्जना आज भी काफी हद तक मौजूद है। मानसिक रूप से भी पारसी काफी सुदृढ़ होते हैं और इनका आचरण गरिमामय होता है। ज्ञान-विज्ञान एवं अपने कार्यक्षेत्र में इनका प्रदर्शन आमतौर पर अच्छा रहता है।

भारतीय समाज में पारसियों ने अपने लिए एक विशिष्ट स्थान बनाया है। उन्होंने वह सम्मान अर्जित किया है, जिसके वे वास्तव में हकदार हैं। न केवल उद्योग जगत् बल्कि सम-सामयिक सामाजिक गतिविधियों में भी पारसियों ने महत्त्वपूर्ण भूमिका निभाई है। देश के आर्थिक विकास में महत्त्वपूर्ण योगदान करने के साथ-साथ राष्ट्रीय एवं सामाजिक प्रतिबद्धताओं का निर्वहण कुशलता एवं निष्ठा से किया है। अल्पसंख्यक दर्जा प्राप्त होने के बावजूद उन्होंने इसे राजनीतिक-आर्थिक लाभ के लिए भुनाया नहीं बल्कि परिश्रम व लगन से अपने लिए उन्नति के अवसर पैदा करने पर ध्यान दिया है। यह इनकी एक महत्त्वपूर्ण चारित्रिक विशेषता है।

गुजरात के सबसे पुराने कस्बों में एक नवसारी भी है। सदियों पूर्व पारसियों

का एक जत्था यहाँ आकर बस गया था। कुछ समय के लिए यह क्षेत्र पारसियों के प्रभाव में भी रहा, बाद में मुसलिम आक्रांताओं ने इसे अपने अधिकार में कर लिया। देश की स्वतंत्रता के समय सन् 1947 में यह क्षेत्र बड़ौदा रियासत के अधीन था। नवसारी पारसियों के एक बड़े तबके का निवास–स्थान रहा है। दादाभाई नौरोजी, जो कि अंग्रेजी शासन–काल में ब्रिटिश संसद् के सदस्य चुने गए थे, नवसारी में ही पैदा हुए थे।

टाटा घराने के संस्थापक जमशेदजी टाटा के पिता **नौशेरवाँजी टाटा** का निवास–स्थान भी नवसारी ही था। जमशेदजी टाटा की जन्मभूमि नवसारी ही है। इनका निवास–स्थान आज यहाँ एक स्मारक के रूप में संरक्षित है।

जमशेदजी के पिता नौशेरवाँजी टाटा पारसी संप्रदाय की उस शाखा से संबंधित थे, जो पौरोहित्य के कार्यों में संलग्न थी। कई पीढ़ियों से उनके पूर्वज यही कार्य करते आ रहे थे। अतः समाज के सम्मानित वर्गों में उनकी भी गणना होती थी। बदलते समय के साथ-साथ परिवर्तन की सुगबुगाहट सभी समाजों में शुरू हो गई थी। पारसी समुदाय का यह टाटा परिवार भी इससे अछूता न रह पाया। नौशेरवाँजी टाटा परिवार के वह प्रथम पुरुष थे, जिन्होंने सर्वप्रथम सदियों से चली आ रही परंपरा एवं मूल्यों से चिपके रहने के बजाय आगे बढ़कर कुछ नया करने की सोची। फलतः उन्होंने व्यापार को अपना कर्मक्षेत्र एवं जीविका का साधन बनाने का निर्णय लिया।

नवसारी कस्बा उस समय काफी पिछड़ा हुआ था, अतः अपने सपने की पूर्ति के लिए उन्होंने बंबई को सर्वथा उपयुक्त पाया और नवसारी छोड़कर वे बंबई कूच कर गए। व्यापार एवं बैंकिंग से उन्होंने अपने कार्य की शुरुआत की। हालाँकि यह उनके लिए एक नया एवं अपरिचित क्षेत्र था, फिर भी धीरे-धीरे सधे कदमों से वे इस क्षेत्र में आगे बढ़ रहे थे। ज्यों-ज्यों अनुभव में वृद्धि हुई, उनकी सोच को भी एक नई दिशा मिली और उन्होंने भविष्य हेतु एक ठोस निर्णय ले लिया कि अपनी भावी पीढ़ियों को उन्हें इसी दिशा में अग्रसर करना है।

उनका इकलौता पुत्र जमशेद उस समय नवसारी में ही था। अपने सपने को व्यावहारिक रूप देने के लिए उन्होंने उसे भी बंबई बुला लिया, ताकि उसकी सही ढंग से परवरिश हो एवं उचित व्यापारिक परिवेश में अनुभव के साथ-साथ वह व्यापारिक कुशलता भी प्राप्त कर सके, जो उसका भविष्य सँवारने में मददगार सिद्ध हो।

□

जमशेदजी टाटा

युगद्रष्टा, भारतीय उद्योग जगत् के अग्रगण्य पुरुष जमशेद नौशेरवाँजी टाटा का जन्म 3 मार्च, 1839 को नवसारी में पारसी पुरोहितों के एक परिवार में हुआ था। उन्हें भारतीय उद्योग का जनक कहा जाता है। वे अपने पिता के एकमात्र पुत्र थे। उनका बचपन नवसारी में ही बीता।

जब जमशेदजी 13 वर्ष के थे, उनके पिता ने बंबई में निर्यात व्यवसाय का शुभारंभ किया। 14 वर्ष की उम्र में उनका बंबई में पदार्पण हुआ। पारसी परंपरा के अनुसार उनका विवाह 16 वर्ष की उम्र में हीराबाई (10 वर्ष) से हो गया।

नौशेरवाँजी अपने पुत्र को उच्च शिक्षा प्रदान करना चाहते थे, अत: 17 वर्ष की उम्र में उनका दाखिला 'एलफिंस्टन कॉलेज' में करवा दिया गया। कुछ वर्षों के बाद 'ग्रीन स्कॉलर' (स्नातक के समतुल्य) के रूप में उनकी कॉलेज-शिक्षा संपन्न हुई। साहित्य एवं पुस्तकों के प्रति उनका वह तत्कालीन लगाव जीवनपर्यंत बना रहा। शिक्षा संपन्न होने के बाद उनके पिता ने उन्हें अपने व्यवसाय में जोड़ लिया तथा उसकी बारीकियों से उनका परिचय कराना शुरू कर दिया।

सन् 1859 में उनके पिता ने उन्हें एक व्यापारिक यात्रा पर हांगकांग भेजा, जहाँ उन्होंने अपनी पारिवारिक फर्म की एक शाखा खोलने हेतु कार्य किया तथा अन्य संबंधित कार्यों में व्यस्त रहे। वहाँ वे सन् 1863 तक रहे।

औद्योगिक क्षेत्र में पदार्पण

29 वर्ष की आयु में सन् 1868 में 21,000 रुपए की पूँजी से उन्होंने एक वैयक्तिक व्यापारिक फर्म शुरू की। इसके मार्फत जमशेदजी एवं उनके साथियों ने विदेशों में कुछ सैनिक साजो-सामान की आपूर्ति का ठेका प्राप्त किया। इसमें लाभ

का अंश पर्याप्त मात्रा में था, जिससे उन्हें टेक्सटाइल के क्षेत्र में अपना कार्य शुरू करने हेतु प्रेरणा मिली। अपने कुछ दोस्तों के साथ भागीदारी में उन्होंने वर्ष 1869 में बंबई में एक पुरानी तेल मिल खरीदी और उसे टेक्सटाइल (वस्त्र-निर्माण) कारखाने में परिवर्तित कर दिया। इसके प्रबंधन का कार्य उन्होंने स्वयं सँभाला तथा कुछ ही वर्षों में इसे एक चालू कारखाने में बदल दिया। दो वर्षों बाद उन्होंने इसे लाभ पर एक कपड़ा व्यवसायी को बेच दिया। उन्होंने उसका नाम 'एलेक्जेंड्रा कॉटन' मिल रखा था।

सन् 1872 में जमशेदजी ने एक बार पुनः इंग्लैंड का रुख किया। इस बार उनका उद्देश्य था वहाँ के उद्योग का अध्ययन, विशेषकर लंकाशायर स्थित कपड़ा- व्यवसाय का अध्ययन। वे भारतीय कपड़ा उद्योग के विकास के इच्छुक थे।

उस समय बंबई में लगभग एक दर्जन कपड़ा मिलें थीं तथा कपड़ा मिलों हेतु यह एक उपयुक्त स्थान समझा जाता था। लेकिन जमशेदजी ने इस सोच के विपरीत मध्य भारत के शहर नागपुर को अपने कारखाने की स्थापना हेतु चुना। इस प्रकार उन्हें उस समय उस क्षेत्र तक स्थापित रेलवे सुविधाओं का भी लाभ मिला। नागपुर शहर का चुनाव करते वक्त उन्होंने तीन मुख्य तथ्यों को सामने रखा— कपास उत्पादन, रेलवे सुविधा तथा ईंधन एवं जलापूर्ति की स्थिति।

उस समय बंबई में लगभग एक दर्जन कपड़ा मिलें थीं तथा कपड़ा मिलों हेतु यह एक उपयुक्त स्थान समझा जाता था। लेकिन जमशेदजी ने इस सोच के विपरीत मध्य भारत के शहर नागपुर को अपने कारखाने की स्थापना हेतु चुना। इस प्रकार उन्हें उस समय उस क्षेत्र तक स्थापित रेलवे सुविधाओं का भी लाभ मिला। नागपुर शहर का चुनाव करते वक्त उन्होंने तीन मुख्य तथ्यों को सामने रखा—कपास उत्पादन, रेलवे सुविधा तथा ईंधन एवं जलापूर्ति की स्थिति।

सन् 1874 में 15,00,000 रुपए की पूँजी से उन्होंने 'द सेंट्रल इंडिया स्पिनिंग वीविंग ऐंड मैन्यूफैक्चरिंग कंपनी' की शुरुआत की। इसमें उनकी एवं उनके साथियों की पूँजी लगी हुई थी। 1 जनवरी, 1877 को क्वीन विक्टोरिया को भारत की रानी घोषित किए जाने पर नागपुर में 'एंपैरस मिल' का शुभारंभ हुआ।

नागपुर की सूत कपड़ा मिल ने जमशेदजी के लिए एक प्रयोगशाला का काम

भी किया। यहाँ उन्होंने इसके विकास की प्रत्येक बारीकी पर ध्यान दिया। प्रौद्योगिकी के नए प्रयोग एवं श्रमिक कल्याण पर विशेष ध्यान दिया गया। तत्कालीन समय के अनुसार सबसे उन्नत अमेरिकी मशीनरी प्रतिस्थापित करके कपड़े की गुणवत्ता में भी सुधार किया। वर्ष 1886 में उन्होंने पेंशन फंड तथा वर्ष 1895 में दुर्घटना क्षतिपूर्ति जैसी नई शुरुआतें कीं। इस तरह वे अपने प्रतिस्पर्द्धियों से मीलों आगे निकल गए।

अपनी इन प्राथमिक सफलताओं से उत्साहित होकर वर्ष 1886 में ही उन्होंने एक कुख्यात बीमार मिल को खरीदने का विचार किया। 47 वर्ष की आयु में इस बीमार मिल को एक स्वस्थ मिल का स्वरूप देने की चुनौती उन्होंने स्वीकार की। यह मिल, जिसे स्वदेशी आंदोलन की तर्ज पर 'स्वदेशी कॉटन मिल' नाम दिया गया, प्रमुखतः भारतीय शेयर होल्डरों द्वारा समर्थित थी। उन्होंने खुशी-खुशी इसमें निवेश किया। लेकिन बाद में कुछ स्थितियाँ ऐसी बनीं कि दो साल बाद मिल लाभांश तक घोषित न कर पाई। कुछ कारणों तथा अफवाहों से शेयरों के दाम गिर गए। 'टाटा' का नाम दाँव पर लगा था। जब बैंकों ने भी ऋण देने से मनाही कर दी तो जमशेदजी ने 'पारिवारिक ट्रस्ट' से एवं एंपैरस मिल के कुछ शेयर बेचकर पूँजी इकट्ठी की और उसे स्वदेशी कॉटन मिल में झोंक दिया। इसका मनोवांछित प्रभाव हुआ और शेयरों के दाम चढ़ गए। अपने सबसे अच्छे दिमाग तथा दक्ष कर्मचारियों की सेवाएँ उन्होंने 'स्वदेशी कॉटन मिल' को उपलब्ध कराईं तथा कुछ ही वर्षों में इसे एक उच्च श्रेणी की टेक्सटाइल मिल में रूपांतरित कर दिया। शीघ्र ही इसमें निर्मित कपड़े का निर्यात चीन, कोरिया, जापान तथा मध्य-पूर्व के देशों को होने लगा।

अपनी इन प्राथमिक सफलताओं से उत्साहित होकर वर्ष 1886 में ही उन्होंने एक कुख्यात बीमार मिल को खरीदने का विचार किया। 47 वर्ष की आयु में इस बीमार मिल को एक स्वस्थ मिल का स्वरूप देने की चुनौती उन्होंने स्वीकार की। यह मिल, जिसे स्वदेशी आंदोलन की तर्ज पर 'स्वदेशी कॉटन मिल' नाम दिया गया, प्रमुखतः भारतीय शेयर होल्डरों द्वारा समर्थित थी। उन्होंने खुशी-खुशी इसमें निवेश किया।

जब जमशेदजी को महसूस हुआ कि बंबई से कंपनी की चीन तथा जापान शाखाओं को जल-परिवहन से भेजे जानेवाले माल के भाड़े के रूप में कंपनी के लाभ का अधिकांश हिस्सा खर्च हो जाता है तो उन्होंने इस स्थिति को बदलने का बीड़ा उठा लिया। उस समय इस जलमार्ग पर प्रमुख रूप से तीन कंपनियों का एकाधिकार

था, जो हमेशा अपनी दरें ऊँची रखती थीं। इसलिए जमशेदजी ने 'निप्पन युसेन काइसा' नामक जापानी स्टीम नेवीगेशन कंपनी का रुख किया, ताकि सस्ते परिवहन की सुविधा प्राप्त हो सके। एकाधिकार प्राप्त कंपनियों ने इसका विरोध किया, परंतु जमशेदजी ने इसका डटकर मुकाबला किया, जिसमें वे विजयी हुए। जून 1896 में इन कंपनियों को उचित एवं प्रतिस्पर्द्धी स्तर तक अपना भाड़ा घटाने को मजबूर होना पड़ा।

जमशेदजी इस बात से पूरी तरह परिचित थे कि औद्योगिक सफलता हेतु औद्योगिक क्रांति एक मूलभूत आवश्यकता है, अत: वे औद्योगिक क्षेत्र में प्रचलित समुन्नत तकनीक तथा पद्धतियों का उपयोग करने हेतु दृढ़प्रतिज्ञ थे। उस समय भारत के विभिन्न क्षेत्रों को जोड़ने हेतु रेलवे एवं टेलीग्राफ का संजाल बढ़ाने का कार्य चल रहा था। टाटा ग्रुप ने अपना औद्योगिक साम्राज्य बढ़ाने में इनका सार्थक उपयोग किया।

लौह एवं इस्पात उद्योग में प्रवेश

अपने इंग्लैंड प्रवास के दौरान ही जमशेदजी ने अपने मन में यह सोच लिया था कि भारत में लौह एवं इस्पात उद्योग की स्थापना वे अवश्य करेंगे। उस समय की परिस्थितियों के मद्देनजर यह सोच ही एक जीवट का काम था। भारत की तत्कालीन अंग्रेज सरकार भी भारत में बड़े उद्योग-धंधों के विकास हेतु अनिच्छुक थी। अत: सरकार की नीतियाँ स्वत: ही राह का रोड़ा थीं। लेकिन जमशेदजी अपनी कल्पना को मूर्त रूप देने हेतु अविचल थे।

सन् 1901 में जमशेदजी ने अपना ध्यान भारतीय इस्पात उद्योग की ओर किया, जो उस समय प्राथमिक अवस्था में था तथा अत्यंत कम मात्रा में इस्पात का उत्पादन होता था। इस कार्य में उन्होंने अंग्रेज एवं अमेरिकी सर्वेक्षकों की मदद ली। उनमें मुख्य नाम एक अमेरिकी चार्ल्स पेज पेरिन का है, जिसने लौह भंडार की खोज हेतु भारतीय भूगर्भ सर्वेक्षण हेतु कई वर्ष भारत में बिताए। बाद में कुछ भारतीय सर्वेक्षकों ने भी उनका पूरा साथ दिया। तकनीकी सलाह तथा इस्पात निर्माण-प्रक्रिया की जानकारी हेतु उन्होंने यूरोपीय देशों तथा अमेरिका की यात्रा की। वे बड़े पैमाने पर लौह-शोधन का कार्य करना चाहते थे, इसलिए उन्होंने इस परियोजना पर विस्तृत राशि का निवेश किया। उनकी यह योजना साकार रूप ले पाती, उससे पूर्व ही सन् 1904 में जर्मनी में जमशेदजी की मृत्यु हो गई। उनके विरासत को सजाने, सँवारने, विकसित करने तथा अधूरे रह गए सपनों को पूरा करने के लिए उनके दो पुत्र थे—बड़े पुत्र दोराबजी एवं छोटे पुत्र रतन तथा इन दोनों को

सहयोग देने हेतु जमशेदजी के चचेरे भाई आर.डी. टाटा मौजूद थे। अंतिम दिनों में अपने चचेरे भाई आर.डी. टाटा, पुत्र दोराब तथा अन्य नजदीकी संबंधियों से उन्होंने अपनी यह इच्छा प्रकट की कि वे उनके द्वारा शुरू कराए गए कार्यों को आगे बढ़ाएँ। यदि ऐसा न कर सकें तो कम-से-कम अब तक किए गए कार्यों को सुरक्षित रखें।

जमशेदजी का इस्पात-निर्माण का सपना तब साकार हुआ जब कलकत्ता से 150 मील पश्चिम में साकची में टाटा आयरन ऐंड स्टील कंपनी की वर्ष 1907 में स्थापना हुई। यह स्थान कच्चे माल, कोयला, जलापूर्ति तथा परिवहन की दृष्टि से उपयुक्त था, अत: कंपनी का तेजी से विकास हुआ। 16 फरवरी, 1912 को खुशगवार माहौल में साकची प्लांट से प्रथम इस्पात पिंड का उत्पादन हुआ। आज यह देश की एक प्रमुख इस्पात कंपनी है।

जमशेदजी ने अपनी इस्पात नगरी के लिए जो कल्पना की थी, जमशेदपुर (साकची) के निर्माण में उसे पूरा सम्मान दिया गया।

ताजमहल होटल का निर्माण

जमशेदजी ने बंबई में भारत के सर्वोत्तम होटल ताजमहल होटल का निर्माण किया। इसके निर्माण में एक बड़ी धनराशि खर्च हुई। इसके निर्माण के पीछे उनका उद्देश्य था भारत में यात्रियों को आकर्षित कर पर्यटन को बढ़ावा देना। अपनी यात्राओं के दौरान उन्होंने स्वयं इस होटल की साज-सज्जा का सामान खरीदा।

होटल उस समय के यूरोपीय मानकों के अनुरूप सभी सुविधाओं से सज्जित था। इसमें एक सोडा एवं बर्फ कारखाना, वाशिंग एवं पोलिशिंग मशीन, लॉण्ड्री, इलेवेटर तथा इलेक्ट्रिक जेनरेटर सहित सभी जरूरी व्यवस्थाएँ की गईं। इसका उद्घाटन सन् 1903 में हुआ। उस समय यह बंबई का प्रथम भवन था, जो बिजली से प्रकाशित था। इसमें अमेरिकी पंखे लगे थे तथा टर्की शैली के बाथरूम बने थे। किचन हेतु अंग्रेजी बटलरों की नियुक्ति की गई थी। कुल मिलाकर होटल में वे सारी सुविधाएँ मौजूद थीं, जो दुनिया के बेहतरीन जाने-माने होटलों में मौजूद थीं।

जमशेदजी के जन-कल्याणकारी कार्य

जमशेदजी में परोपकार के संस्कार कूट-कूटकर भरे थे। इसी हेतु सन् 1892 में उन्होंने जे.एन. टाटा ट्रस्ट की स्थापना की। उन्होंने उच्च शिक्षा के लिए एक फ़ंड की स्थापना की। इसके अंतर्गत योग्य छात्रों को उच्च शिक्षा हेतु विदेश भेजना शुरू किया। इस योजना के तहत भारत के कई शुरुआती इंजीनियर, सर्जन, फिजीशियन बैरिस्टर तथा आई. सी.एस. अधिकारी लाभान्वित हुए थे।

सन् 1898 में उन्होंने अपने चौदह भवन तथा एक बड़ी धनराशि तथा चार भू-संपत्तियाँ पोस्ट ग्रेजुएट इंस्टीट्यूट फॉर साइंटिफिक रिसर्च की स्थापना हेतु प्रस्तुत कीं। यद्यपि ब्रिटिश सरकार की हीला-हवाली के कारण उनके जीवन-काल में उनका यह सपना पूरा न हो सका, लेकिन उनकी मृत्यु के बाद उनके बेटों ने इसे पूरा कर दिखाया।

सन् 1898 में उन्होंने अपने चौदह भवन तथा एक बड़ी धनराशि तथा चार भू-संपत्तियाँ पोस्ट ग्रेजुएट इंस्टीट्यूट फॉर साइंटिफिक रिसर्च की स्थापना हेतु प्रस्तुत कीं। यद्यपि ब्रिटिश सरकार की हीला-हवाली के कारण उनके जीवन-काल में उनका यह सपना पूरा न हो सका, लेकिन उनकी मृत्यु के बाद उनके बेटों ने इसे पूरा कर दिखाया। इस तरह सन् 1911 में इस इंस्टीट्यूट की बंगलौर में स्थापना हुई, जो टाटा, भारत सरकार तथा मैसूर सरकार का सम्मिलित सहकार था। शुरू में इसमें केवल तीन बड़े विभाग—जनरल ऐंड एप्लाइड कैमिस्ट्री, इलेक्ट्रो टेक्नोलॉजी कैमेस्ट्री ऐंड ऑर्गेनिक कैमिस्ट्री थी। बाद में समय-समय पर इसमें कई अन्य विभाग जुड़ते गए।

टाटा स्टील, जमशेदपुर की तरह ही इंडियन इंस्टीट्यूट, बंगलौर ने एक ऐसे केंद्र के रूप में कार्य किया, जिससे बाद में कई अन्य शाखाओं—सेंट्रल फूड ऐंड

टेक्नोलॉजिकल रिसर्च इंस्टीट्यूट, मैसूर; लाख रिसर्च इंस्टीट्यूट, राँची; नेशनल एयरोनॉटिकल लेबोरेटरी, बंगलौर का प्रस्फुटन हुआ। इसने कई अन्य संस्थानों की स्थापना एवं विकास में भी अपना योगदान किया।

दूरदृष्टि एवं अंतर्ज्ञान-संपन्न

जमशेदजी को उनकी दूरदृष्टि, अंतर्ज्ञान तथा नवीन उपायों एवं कल्पनाओं को आत्मसात् एवं उनको लागू करने के लिए भी याद किया जाएगा। वे इसका उपयोग न केवल अपने व्यवसाय को विकसित करने बल्कि देशवासियों का जीवन सुधारने में भी करते थे। नवीनता को उन्होंने एक जीवन-शैली का रूप दे दिया था। वे प्रथम व्यक्ति थे, जिन्होंने बग्घी में रबर टायर सर्वप्रथम इस्तेमाल किया था। बंबई में वे प्रथम ऑटोमोबाइल चालक थे। उन्होंने आवश्यक कार्यों के लिए उदारतापूर्वक दान दिया। वे उच्च सामाजिक आदर्शों से ओत-प्रोत थे। श्रम के क्षेत्र में श्रमिक-सुविधाओं एवं उनके कल्याण के लिए उन्होंने नवीन व्यवस्थाएँ कीं तथा नए नियम लागू किए, जो तब किसी अन्य की कल्पना में भी नहीं रहे होंगे। विदेशों में तो वे सुधार कई दशकों बाद लागू हुए। कई सुधार तो कई-कई आंदोलनों के बाद ही अस्तित्व में आए। पूरा देश आज भी उनका भरपूर सम्मान करता है और कृतज्ञता से उन्हें याद करता है।

7 जनवरी, 1965 को भारतीय डाक एवं तार विभाग ने जमशेदजी के सम्मान में एक डाक-टिकट निकाला। यह देश के औद्योगिकीकरण में उनकी सेवाओं के प्रति देश की कृतज्ञता दरशाता है।

□

सर दोराबजी टाटा

दोराबजी जमशेदजी टाटा के बड़े पुत्र थे, जिन्होंने उनकी मृत्यु के बाद उनकी विरासत को सँभालने तथा उसे नई ऊँचाइयों तक पहुँचाने का कार्य किया। इस कार्य में उनके छोटे भाई सर रतन टाटा तथा जमशेदजी के चचेरे भाई रतन दादाभाई टाटा ने पूरा सहयोग दिया। यह उनका आशावाद तथा सुदृढ़ इच्छा-शक्ति थी, जिसने टाटा ग्रुप को हर कठिनाई से उबरने में मदद की और वे अपने पिता के सपनों को साकार करते हुए कंपनी को नई बुलंदियों तक पहुँचाने में कामयाब हुए।

दोराबजी का जन्म सन् 1859 में हुआ और प्राथमिक शिक्षा-दीक्षा बंबई के प्रोप्राइटरी हाई स्कूल में हुई। तत्पश्चात् उन्हें इंग्लैंड भेजा गया। 18 वर्ष की उम्र में उन्होंने कैंब्रिज में गोनविले ऐंड कैअस कॉलेज में दाखिला लिया। कैंब्रिज में पढ़ाई के दौरान उन्होंने खेलों में भी अच्छा प्रदर्शन किया तथा क्रिकेट एवं फुटबॉल में कई

पुरस्कार जीते। सन् 1879 में दोराबजी भारत लौट आए तथा उन्होंने बंबई के सेंट जेवियर्स कॉलेज में दाखिला लिया। शिक्षा पूरी होने के बाद उन्होंने 'बॉम्बे गजट' में एक पत्रकार के रूप में अपने कार्य की शुरुआत की। धीरे-धीरे उनमें अपने पिता के व्यवसाय के प्रति रुचि उत्पन्न हुई तथा सन् 1884 में वे पैतृक व्यवसाय में प्रविष्ट हुए। उन्हें कॉटन डिवीजन में समायोजित किया गया।

जमशेदजी चाहते थे कि उनका पुत्र दोराब उच्च विद्वान् तथा सम्मानित डॉ. एच.जे. भाभा से मिले, जो अपनी पुत्री मेहरबाई सहित वहाँ ठहरे थे। जब वे वहाँ पहुँचे तो भाभा की पुत्री मेहर से भी उनकी मुलाकात हुई। यह मुलाकात आगे चलकर दोनों की शादी में तब्दील हो गई। सन् 1897 में संपन्न इस विवाह के समय दोराबजी की उम्र 38 वर्ष थी, जबकि मेहरबाई की मात्र 18 वर्ष।

दोराबजी में टाटा परिवार के वे सभी गुण थे, जिनके लिए उनका परिवार जाना जाता है। ये गुण हैं—अग्रगण्यता, नेतृत्व तथा उद्देश्य की प्राप्ति। यह उनकी सोच एवं दूरदर्शिता का ही परिणाम था कि उन्होंने अपने पिता के वे सारे सपने साकार किए, जिन्हें जमशेदजी अपने जीते-जी पूरा न कर सके थे। अपने निकट संबंधी आर.डी. टाटा की सहायता से सर्वप्रथम उन्होंने उन परियोजनाओं पर ध्यान दिया, जो उनके पिता ने शुरू की थीं।

दोराबजी में टाटा परिवार के वे सभी गुण थे, जिनके लिए उनका परिवार जाना जाता है। ये गुण हैं—अग्रगण्यता, नेतृत्व तथा उद्देश्य की प्राप्ति। यह उनकी सोच एवं दूरदर्शिता का ही परिणाम था कि उन्होंने अपने पिता के वे सारे सपने साकार किए, जिन्हें जमशेदजी अपने जीते-जी पूरा न कर सके थे। अपने निकट संबंधी आर.डी. टाटा की सहायता से सर्वप्रथम उन्होंने उन परियोजनाओं पर ध्यान दिया, जो उनके पिता ने शुरू की थीं। इनमें सर्वप्रथम था एक आधुनिक लौह एवं इस्पात उद्योग का संस्थापन—इसी का परिणाम है टाटा स्टील।

उसके साथ ही, अपने बढ़े हुए मनोबल के साथ उन्होंने उद्योगों को विद्युत् आपूर्ति हेतु 'टाटा पावर' की स्थापना की। ये दोनों आज 'टाटा उद्योग समूह' के अभिन्न अंग हैं।

अपनी टीम के प्रत्येक सदस्य के लिए उन्होंने एक प्रेरक शक्ति के रूप में कार्य किया। जो भी परियोजना उन्होंने हाथ में ली, उससे अपने आपको भी पूरी तरह जोड़े रखा। प्रत्येक बारीकी पर उनकी नजर रहती थी। यहाँ तक कि उन्होंने

कच्चे लोहे की खोज में लगे वैज्ञानिकों तथा खोजकर्ताओं के साथ खनिज क्षेत्रों की भी यात्राएँ कीं।

दोराबजी के नेतृत्व में टाटा ग्रुप का अनुपम विस्तार हुआ। जमशेदजी के जमाने के मात्र तीन कपड़ा कारखानों तथा ताज होटल से आगे इसका विस्तार तेजी से तथा विविध क्षेत्रों में हुआ। शीघ्र ही इसके पास वैयक्तिक क्षेत्र में सबसे बड़ी इस्पात कंपनी के अलावा आगामी वर्षों में एक इंटीग्रेटेड स्टील प्लांट, तीन हाइड्रोइलेक्ट्रिक पावर कंपनियाँ, विशाल खाद्य तेल तथा साबुन कारखाना, दो सीमेंट कारखानों का प्रबंधन तथा स्वामित्व था। इनके अलावा दोराबजी के ही कार्यकाल में इंडियन इंस्टीट्यूट ऑफ साइंस, बंगलौर की स्थापना हुई। सन् 1910 में इंग्लैंड के राजा ने उन्हें नाइटहुड (सर) की उपाधि से विभूषित किया। इस तरह उन्हें उनके कार्यों के लिए सराहा एवं सम्मानित किया।

दोराबजी को खेलों से भी बड़ा लगाव था। यह लगाव उनमें तभी पैदा हो गया था जब वे कैंब्रिज में अध्ययनरत थे। भारत में खेलों के प्रति रुचि बढ़ाने तथा उनका स्तर सुधारने के लिए उन्होंने 'ओलंपिक मूवमेंट' शुरू किया। भारतीय ओलंपिक संघ का अध्यक्ष रहते हुए सन् 1924 में उन्होंने 'पेरिस ओलंपिक' में भाग लेनेवाले भारतीय जत्थे का व्यय-भार वहन किया। उन्हें अंतरराष्ट्रीय ओलंपिक संघ का सदस्य भी चुना गया।

□

लेडी मेहरबाई

दोराबजी की पत्नी मेहरबाई का भारतीय महिला आंदोलन में एक अलग स्थान है। अपनी भारतीय बहनों की शिक्षा एवं कल्याण के लिए वे सदैव तत्पर रहती थीं। 'बॉम्बे प्रेसीडेंसी वीमेंस कौंसिल' तथा बाद में 'नेशनल कौंसिल ऑफ वीमेन' की वे संस्थापक सदस्य थीं। उन्होंने महिलाओं को उच्च शिक्षा देने,

परदा प्रथा की समाप्ति तथा छुआछूत मिटाने के लिए आंदोलन किया। इस कार्य में उन्हें दोराबजी का भी पूर्ण समर्थन मिला। भारत में लड़कियों की शिक्षा के संपूर्ण परिप्रेक्ष्य में सर्वेक्षण हेतु उन्होंने इंग्लैंड से एक सर्वेक्षक बुलाया। यह सर्वेक्षण एक साल चला तथा बाद में पुस्तकाकार प्रकाशित हुआ, जिसने अगले कई सालों तक स्त्री-शिक्षा के लिए एक पथ-प्रदर्शक का कार्य किया।

बॉटल क्रीक कॉलेज, अमेरिका में भारत एवं भारतीयों के बारे में दिया गया उनका भाषण बड़ा सारगर्भित था, जिसने भारतीय जीवन एवं समाज के प्रत्येक पहलू को अपने में समेट लिया था।

18 जून, 1931 को ल्यूकेमिया से उनकी मृत्यु हो गई। दोराबजी ने उनकी याद में सन् 1932 में 'लेडी टाटा मेमोरियल ट्रस्ट' की स्थापना की। इस ट्रस्ट का गठन रक्त संबंधी विभिन्न बीमारियों के अध्ययन हेतु किया गया था। सन् 1932 में उन्होंने 'ट्रस्ट फंड' स्थापित किया, जो अनुसंधान के क्षेत्र में आगे कार्य करने, आपदा राहत तथा अन्य मानवीय उद्देश्यों के लिए प्रयुक्त किया जाना था। इस ट्रस्ट का नाम 'सर दोराबजी टाटा ट्रस्ट' रखा गया। समझा जाता है कि इस ट्रस्ट में उन्होंने अपनी समस्त संपत्तियों का निवेश किया था।

दोराबजी की तरह उन्हें भी खेलों से बहुत लगाव था। वे टेनिस की अच्छी खिलाड़ी थीं तथा उन्होंने कई पुरस्कार भी जीते। दोनों ने मिलकर कई ऑल इंडिया चैंपियनशिपों में भाग लिया तथा सफलता प्राप्त की थी।

वे भारतीय रेडक्रॉस की भी एक सक्रिय सदस्या थीं। युद्ध के दौरान उन्होंने चंदा आदि जुटाने में भी काफी मेहनत की। उनके योगदान को मान्यता देते हुए किंग जॉर्ज पंचम ने उन्हें स्वयं सम्मानित किया।

18 जून, 1931 को ल्यूकेमिया से उनकी मृत्यु हो गई। दोराबजी ने उनकी याद में सन् 1932 में 'लेडी टाटा मेमोरियल ट्रस्ट' की स्थापना की। इस ट्रस्ट का गठन रक्त संबंधी विभिन्न बीमारियों के अध्ययन हेतु किया गया था। सन् 1932 में उन्होंने 'ट्रस्ट फंड' स्थापित किया, जो अनुसंधान के क्षेत्र में आगे कार्य करने, आपदा राहत तथा अन्य मानवीय उद्देश्यों के लिए प्रयुक्त किया जाना था। इस ट्रस्ट का नाम 'सर दोराबजी टाटा ट्रस्ट' रखा गया। समझा जाता है कि इस ट्रस्ट में उन्होंने अपनी समस्त संपत्तियों का निवेश किया था।

शिक्षा के क्षेत्र में भी उन्होंने काफी योगदान दिया। कैंब्रिज यूनिवर्सिटी को

एक 'लेबोरेटरी इक्विपमेंट' हेतु उन्होंने काफी रकम प्रदान की। पुणे के 'भंडारकर ओरिएंटल रिसर्च इंस्टीट्यूट' को संस्कृत के अध्ययन हेतु भी उन्होंने आर्थिक मदद की।

3 जून, 1932 को जर्मनी में उनका निधन हो गया। इंग्लैंड के 'ब्रुकवुड सेमेट्री' में उनकी पत्नी मेहरबाई की समाधि के पास ही उनकी भी समाधि बनी हुई है।

□

रतन दादाभाई टाटा

आर.डी. नाम से प्रसिद्ध रतन दादाभाई टाटा का जन्म सन् 1856 में नवसारी में हुआ था। यहीं उनकी प्राथमिक शिक्षा-दीक्षा हुई। बाद में एलफिंस्टन कॉलेज में उन्होंने उच्च शिक्षा प्राप्त की और उसके बाद मद्रास में कृषि विज्ञान का अध्ययन किया।

शिक्षा संपन्न होने के बाद उन्होंने अपने पिता की कंपनी टाटा ऐंड कंपनी से अपने कार्य की शुरुआत की। जब उन्होंने इस कंपनी में प्रवेश किया था, तब इसकी हालत अच्छी नहीं थी, व्यापार मंदी की ओर अग्रसर था। अतः कंपनी के कार्य हेतु उन्हें हांगकांग भेजा गया।

सन् 1876 में अपने पिता की मृत्यु के बाद भी वे पूर्ववत् कार्यरत रहे। सन् 1883 में कंपनी का कार्यभार उन्होंने अपने हाथ में ले लिया। उस समय कंपनी की स्थिति अच्छी नहीं थी। यह वह समय था, जब उन्हें अपनी वित्तीय योग्यता को प्रदर्शित करने का अवसर मिला और उन्होंने अपनी कंपनी को कई समस्याओं एवं दुष्चक्रों से उबार लिया।

जमशेदजी आर.डी. की योग्यता से बहुत प्रभावित हुए। अतः सन् 1884 में उन्होंने आर.डी. को अपनी कंपनी 'इंपैरस मिल्स' में ले लिया। इसके बाद सन् 1887 में उन्हें अपनी नवगठित कंपनी 'टाटा ऐंड संस' में एक भागीदार के रूप में शामिल कर लिया।

रतन दादाभाई को 'इंपैरस मिल्स' में इसके प्रबंधक बेजनजी दादाभाई मेहता के साथ संबद्ध किया गया। बेजनजी तब तकनीकी एवं प्रबंध का काम देख रहे थे, जबकि रतन दादाभाई को वित्तीय पक्ष की जिम्मेदारी सौंपी गई। इसी अवधि में उन्हें उनके चचेरे भाई दोराबजी टाटा के साथ यवतमाल में एक फैक्टरी खोलने की जिम्मेदारी सौंपी गई। स्वदेशी मिल की आर्थिक स्थिति उस समय ठीक नहीं थी, अतः आर. डी. को उसका वित्तीय कार्यभार सौंपा गया। जमशेदजी के मार्गदर्शन में दोराबजी के साथ मिलकर उन्होंने सफलतापूर्वक अपने कार्य को अंजाम दिया तथा कंपनी को कठिनाई से उबारा।

रतन दादाभाई को 'इंपैरस मिल्स' में इसके प्रबंधक बेजनजी दादाभाई मेहता के साथ संबद्ध किया गया। बेजनजी तब तकनीकी एवं प्रबंध का काम देख रहे थे, जबकि रतन दादाभाई को वित्तीय पक्ष की जिम्मेदारी सौंपी गई। इसी अवधि में उन्हें उनके चचेरे भाई दोराबजी टाटा के साथ यवतमाल में एक फैक्टरी खोलने की जिम्मेदारी सौंपी गई। स्वदेशी मिल की आर्थिक स्थिति उस समय ठीक नहीं थी, अतः आर.डी. को उसका वित्तीय कार्यभार सौंपा गया।

नौशेरवाँजी द्वारा स्थापित कंपनी के व्यवसाय से जमशेदजी द्वारा स्थापित कंपनी का व्यवसाय भिन्न था, अतः उन्होंने पूर्वी शाखा का कार्यभार अपने चचेरे

भाई आर.डी. को सौंप दिया। आर.डी. टाटा कुछ वर्षों के लिए हांगकांग चले गए, जहाँ उन्होंने शंघाई आदि स्थानों पर शाखाएँ स्थापित कीं, जो कि चावल व रेशम का व्यवसाय करती थीं। उनके नियंत्रणाधीन यह व्यवसाय इतना फला-फूला कि शीघ्र ही न्यूयॉर्क एवं पेरिस में नई शाखाएँ खुल गईं, जो मुख्यत: मोती व रेशम का कारोबार करती थीं। पेरिस में ही उन्हें सुजाने ब्रियरे से प्यार हो गया और सन् 1902 में उन्होंने उनसे शादी कर ली।

जमशेदजी की मृत्यु के पश्चात् सन् 1907 में 'टाटा ऐंड संस' का नाम परिवर्तित होकर 'टाटा संस ऐंड कंपनी' हो गया। इसके तीन भागीदार थे—सर

दोराबजी, सर रतन टाटा एवं आर.डी. टाटा। टाटा ऐंड कंपनी के नाम से हांगकांग से परिचालित कंपनी का विलय भी इसी नई कंपनी में कर दिया गया।

मुख्यालय बंबई में रहते हुए व्यापार एवं वित्तीय कार्यों को देखना आर.डी. का मुख्य कार्य था। यहाँ रहकर उन्होंने जमशेदजी द्वारा परिकल्पित परियोजनाओं— लौह एवं इस्पात कंपनी, हाइड्रोइलेक्ट्रिक कंपनी एवं इंडियन इंस्टीट्यूट ऑफ साइंस को पूर्णता प्रदान करने में अपनी महत्त्वपूर्ण भूमिका निभाई। सन् 1918 में सर रतन टाटा की मृत्यु के बाद आर.डी. ने कंपनी के महत्त्वपूर्ण विभागों का कार्यभार सँभाला। जब प्रथम विश्वयुद्ध के कारण कंपनी कठिनाई के दौर से गुजर रही थी, ऐसे कठिन समय में कंपनी को इस दौर से बाहर निकाल लेना आर.डी. की कार्य-कुशलता का सबसे पुष्ट प्रमाण है। यह उनके परिपक्व अनुभव एवं अप्रतिम मार्गदर्शन के कारण ही संभव हो सका था।

गंभीर आर्थिक कठिनाइयों के बावजूद उन्होंने कल्याणकारी कार्यों तथा मानवता से मुँह नहीं मोड़ा।

कुछ समय तक वे 'इंपीरियल लेजिस्लेटिव कौंसिल' के सदस्य भी रहे। बाद में लौह एवं इस्पात उद्योग का बचाव सुनिश्चित करने में वह उनके काम आया।

सन् 1890 में उनकी जापान यात्रा से भारत-जापान व्यापार संबंध विकसित करने में मदद मिली। जापानी सम्राट् ने उनके कार्य को मान्यता प्रदान करते हुए 'थर्ड ऑर्डर ऑफ राइजिंग सन' उपाधि से उन्हें विभूषित किया। 26 अगस्त, 1926 को उन्होंने इस संसार से प्रयाण किया।

□

सर रतन टाटा

जमशेदजी के छोटे पुत्र सर रतन टाटा का जन्म 20 जनवरी, 1871 को हुआ। वे अपने भाई दोराबजी से 12 वर्ष छोटे थे। सेंट जेवियर्स कॉलेज, बंबई में उनकी शिक्षा संपन्न हुई। सन् 1892 में नवाजबाई से उनका विवाह संपन्न हुआ।

शादी के बाद रतन ने पत्नी सहित अपने माता-पिता के साथ एस्प्लेनेड हाउस में रहना शुरू किया। अपने पिता जमशेदजी की मृत्यु के बाद उन्होंने मेरीन लाइन में

ब्राइटलैंड को अपना निवास-स्थान बनाया। उन्होंने बाद में अपने लिए वॉडबी रोड पर एक शानदार भवन का निर्माण कराया, जो सन् 1915 में बनकर तैयार हुआ। इस भवन में वे कुछ ही महीने रह पाए, उसके बाद वे अपने इलाज के लिए इंग्लैंड चले गए और फिर वहाँ से लौट न पाए।

अपने पिता जमशेदजी की मृत्यु के बाद उन्होंने फ्रांस की एक बीमा कंपनी, जिसकी 'टाटा ऐंड संस' भारत में एजेंट थी, का कार्य करना शुरू किया। उन्होंने 'टाटा ऐंड कंपनी', जो कपड़ा, धागा, रेशम, मोती तथा चावल आदि का व्यवसाय करती थी, का कामकाज भी सँभाला। इसकी पेरिस, शंघाई, कोबे, न्यूयॉर्क एवं रंगून में शाखाएँ थीं।

सर रतन टाटा का सामाजिक जीवन भी व्यस्तताओं से भरा था। उनकी यात्राओं में काफी रुचि थी। अपने जीवन के उत्तरार्ध में प्रतिवर्ष उन्होंने अपना ज्यादा समय इंग्लैंड में बिताया। वे 'कार्ल्टन क्लब', लंदन के सदस्य थे तथा इंग्लैंड की ऊँची सोसाइटी में एक सम्मानित सदस्य गिने जाते थे। सन् 1906 में उन्होंने इंग्लैंड में लंदन के नजदीक ट्विकेनहम में स्थित 'यॉर्क हाउस' को खरीद लिया तथा इससे सटे 12 एकड़ के क्षेत्रफल में एक सुंदर बगीचा विकसित किया।

'टाटा ऐंड संस' के कामकाज से यद्यपि सर रतन टाटा संबद्ध थे, लेकिन इसका ज्यादातर उत्तरदायित्व उनके बड़े भाई दोराबजी पर था तथा वे ही अधिकांश जिम्मेदारियों का निर्वहण करते थे। रतन ने माहिम एवं बांद्रा में भू-अर्जन में विशेष रुचि ली तथा बाद में यह कार्य सरकार ने अपने हाथ में ले लिया।

सर रतन टाटा का सामाजिक जीवन भी व्यस्तताओं से भरा था। उनकी यात्राओं में काफी रुचि थी। अपने जीवन के उत्तरार्ध में प्रतिवर्ष उन्होंने अपना ज्यादा समय इंग्लैंड में बिताया। वे 'कार्ल्टन क्लब', लंदन के सदस्य थे तथा इंग्लैंड की ऊँची सोसाइटी में एक सम्मानित सदस्य गिने जाते थे। सन् 1906 में उन्होंने इंग्लैंड में लंदन के नजदीक ट्विकेनहम में स्थित 'यॉर्क हाउस' को खरीद लिया तथा इससे सटे 12 एकड़ के क्षेत्रफल में एक सुंदर बगीचा विकसित किया।

सर रतन टाटा में सामाजिक चेतना भी कूट-कूटकर भरी हुई थी। महात्मा गांधी के नेतृत्व में दक्षिण अफ्रीका में अंग्रेजों की ज्यादती के विरुद्ध संघर्ष के महत्त्व की उन्हें पूरी जानकारी थी। अतः उन्होंने इसे न केवल नैतिक बल्कि

आर्थिक मदद भी की। इस संघर्ष में अपने योगदान के रूप में उन्होंने गांधीजी को पाँच किस्तों में 1,25,000 रुपए भेजे। दूसरी तरफ देश में गोपाल कृष्ण गोखले एवं उनकी 'सर्वेंट्स ऑफ इंडिया सोसाइटी' द्वारा किए जा रहे उत्कृष्ट कार्यों को उन्होंने पर्याप्त समर्थन एवं सहयोग दिया। अपनी उदार सहायता के अंतर्गत इस आंदोलन को भी उन्होंने कुल मिलाकर 1,10,000 रुपए की आर्थिक सहायता दी।

भारत की गरीबी तथा लोगों की दयनीय दशा को देखकर सर रतन काफी उद्वेलित थे तथा वे इसमें सुधार चाहते थे। उनका आग्रह था कि इस विषय में वैज्ञानिक तरीके से जाँच-पड़ताल होनी चाहिए। सन् 1912 में उन्होंने लंदन विश्वविद्यालय को इस दिशा में कार्य करने के लिए एक निकाय के गठन हेतु आर्थिक मदद का प्रस्ताव किया, ताकि गरीबी एवं दयनीय दशा के कारणों को चिह्नित कर उनका निदान करने हेतु सुझाव प्राप्त हो सकें। सन् 1913 में इसका गठन हुआ तथा सर रतन ने इसे प्रतिवर्ष 1,400 पौंड की दर से तीन वर्षों तक सहायता देना स्वीकार किया। सन् 1916 में यह पाँच वर्षों के लिए बढ़ा दिया गया। यह भुगतान उनकी मृत्यु के बाद भी सन् 1931 तक उनके ट्रस्टियों द्वारा किया जाता रहा। कई अभ्यर्थियों ने इस क्षेत्र में अनुसंधान किया तथा अपने पेपर प्रस्तुत किए।

भारत की गरीबी तथा लोगों की दयनीय दशा को देखकर सर रतन काफी उद्वेलित थे तथा वे इसमें सुधार चाहते थे। उनका आग्रह था कि इस विषय में वैज्ञानिक तरीके से जाँच-पड़ताल होनी चाहिए। सन् 1912 में उन्होंने लंदन विश्वविद्यालय को इस दिशा में कार्य करने के लिए एक निकाय के गठन हेतु आर्थिक मदद का प्रस्ताव किया, ताकि गरीबी एवं दयनीय दशा के कारणों को चिह्नित कर उनका निदान करने हेतु सुझाव प्राप्त हो सकें।

सर रतन टाटा ने 'लंदन स्कूल ऑफ इकोनॉमिक्स' में 'सोशल साइंसेज' के अध्ययन हेतु इसका विभाग खोलने के लिए भी आर्थिक मदद मुहैया कराई। यह नया विभाग सन् 1919 में 'रतन टाटा डिपार्टमेंट ऑफ सोशल साइंसेज' कहलाया। बाद में 'लंदन स्कूल ऑफ इकोनॉमिक्स' ने इसकी पूरी जिम्मेदारी सँभाल ली तथा तदनुसार ही इसका नाम भी परिवर्तित किया गया।

भारत के अतीत में भी रतन की काफी रुचि थी। सन् 1912 में बिहार

एवं उड़ीसा में पुरातात्त्विक सर्वेक्षण एवं उत्खनन हेतु उन्होंने आर्थिक सहायता देने का प्रस्ताव किया। तदनुरूप ही पाटलिपुत्र में गहन उत्खनन डॉ. ए.बी. स्पूनर की देखरेख में किया गया। सन् 1913 से 1917 तक इस कार्य के लिए सर रतन टाटा ने 75,000 रुपए की मदद दी। इस उत्खनन में कई सिक्कों, टेराकोटा के सामानों के अलावा अन्य बहुमूल्य सामग्री मिली, जो आज भी पटना म्यूजियम में संरक्षित है।

सर रतन टाटा काफी उदार हृदय थे। किसी भी ऐसे कार्य के लिए उन्होंने मुक्तहस्त दान दिया, जिससे वे प्रभावित हुए। प्राकृतिक आपदाओं जैसे बाढ़, अकाल अथवा भूकंप की स्थिति में राहत हेतु उन्होंने अपना भरपूर योगदान किया। इसके अलावा सार्वजनिक स्मारकों, स्कूलों एवं अस्पतालों को भी उन्होंने काफी आर्थिक सहायता प्रदान की। 'जॉर्ज पंचम एंटी ट्यूबरकुलोसिस लीग' को उन्होंने दस वर्षों तक 10,000 रुपए प्रतिवर्ष की आर्थिक मदद की। इस संस्था द्वारा संचालित संस्थान में गरीब क्षयरोगियों का इलाज किया जाता था। उनके विभिन्न सेवा कार्यों हेतु सन् 1916 में उन्हें नाइटहुड (सर) की उपाधि प्रदान की गई।

सर रतन टाटा काफी उदार हृदय थे। किसी भी ऐसे कार्य के लिए उन्होंने मुक्तहस्त दान दिया, जिससे वे प्रभावित हुए। प्राकृतिक आपदाओं जैसे बाढ़, अकाल अथवा भूकंप की स्थिति में राहत हेतु उन्होंने अपना भरपूर योगदान किया। इसके अलावा सार्वजनिक स्मारकों, स्कूलों एवं अस्पतालों को भी उन्होंने काफी आर्थिक सहायता प्रदान की। 'जॉर्ज पंचम एंटी ट्यूबरकुलोसिस लीग' को उन्होंने दस वर्षों तक 10,000 रुपए प्रतिवर्ष की आर्थिक मदद की।

कला के भी वे एक बड़े कद्रदान थे। देश एवं विदेश में अपनी यात्राओं के दौरान वे तसवीरों, तैलचित्रों, बंदूकों, तलवारों, चाँदी के पात्रों, हस्तलिपियों, पात्रों एवं कालीनों का संग्रह करते रहते थे, जो कला एवं शिक्षा की दृष्टि से महत्त्वपूर्ण थे। बाद में उन्होंने यह संग्रह प्रिंस ऑफ वेल्स म्यूजियम, बंबई को सौंप दिया।

सन् 1916 में सर रतन चीन एवं जापान की यात्रा पर गए थे। जब वे लौटे तो बीमार पड़ गए। डॉक्टरों ने इलाज हेतु उन्हें इंग्लैंड जाने की सलाह दी। अपनी पत्नी नवाजबाई एवं सचिव पी.पी. मिस्त्री के साथ वे अक्तूबर सन्

1916 में इंग्लैंड रवाना हुए। रास्ते में उनका जहाज जर्मनों के तारपीडो का शिकार हो गया। यद्यपि अन्य सभी यात्रियों के साथ-साथ रतनजी को भी बचा लिया गया, लेकिन रास्ते में हुई इस देरी का उनके स्वास्थ्य पर बहुत बुरा असर पड़ा। सितंबर 1918 में सेंट एब्स, कार्नवाल में उनका निधन हो गया। ब्रुकवुड सेमेट्री, लंदन में उनके पिता की समाधि के पास ही उनकी भी समाधि बनी है।

सर रतन टाटा निस्संतान थे। अपनी वसीयत में अपनी संपत्ति का काफी बड़ा हिस्सा उन्होंने परोपकार के कार्यों के लिए समर्पित कर दिया था।

□

लेडी नवाजबाई

सर रतन की पत्नी नवाजबाई का जन्म सितंबर 1877 में हुआ था। सन् 1890 में सर रतन से उनका विवाह हुआ। वे घुड़सवारी एवं पोलो खेल में निपुण थीं। लंदन में जीवन का एक हिस्सा बिताने के कारण वहाँ के संभ्रांत लोगों में इस दंपती का काफी सम्मान था। सर रतन टाटा की तरह लेडी नवाजबाई भी फाइन आर्ट की बड़ी कद्रदान थीं। विभिन्न कलाकृतियों के संग्रह में उनका योगदान कमतर नहीं आँका जा सकता। नवाजबाई 41 वर्ष की उम्र में ही विधवा हो गई थीं। उनके ऊपर सर रतन की 'एस्टेट' के देखभाल की बड़ी जिम्मेदारी थी। उन्होंने अपनी बाकी जिंदगी 'टाटा हाउस' में रहकर गरिमामय तरीके से गुजार दी।

सर रतन की असमय मृत्यु के बाद सन् 1918 में नवाजबाई को 'टाटा संस' के संचालक मंडल में शामिल कर लिया गया। इस पद पर वे अपनी मृत्यु तक आसीन रहीं। उनकी मृत्यु अगस्त 1965 में हुई। वे पहली एवं एकमात्र महिला थीं, जो 'टाटा संस' के संचालक मंडल की सदस्य रहीं। जमशेदपुर स्थित 'नेशनल मेटालर्जिकल रिसर्च इंस्टीट्यूट' को उदारतापूर्वक दिया गया दान उनकी विशाल हृदयता की मिसाल है। इसके द्वारा उन्होंने 'सर रतन टाटा ट्रस्ट' के फंड को रचनात्मक कार्यों में व्यय करने की इच्छा प्रदर्शित की।

सन् 1928 में 'रतन टाटा इंस्टीट्यूट' की स्थापना में उन्होंने प्रमुख भूमिका निभाई। इसके द्वारा लोगों को नकद राशि सहायता के रूप में देने के बजाय गरीब एवं जरूरतमंद लोगों को आवश्यक प्रशिक्षण देकर उन्हें व्यक्तिगत संस्थानों में रोजगार के अवसर उपलब्ध कराना था। वे सभी के कल्याण की कामना रखती थीं। वे धर्म, संप्रदाय एवं जाति की भावना से ऊपर थीं, अतः सभी की मदद के लिए तत्पर रहती थीं।

'सर रतन टाटा ट्रस्ट' की अध्यक्षा के रूप में उन्होंने 'पारसी समुदाय की

समस्याओं के अध्ययन' तथा उस पर एक रपट प्रस्तुत करने हेतु कार्नेज ट्रस्ट के एस.जे.आई. मारखम को आमंत्रित किया। उनके इस कदम से पारसी चैरिटीज ने अपने आपको संगठित किया, ताकि वे अपनी 'चैरिटी' को समर्थ बना सकें।

निस्संतान नवाजबाई की इच्छा थी कि उनके पति की विरासत जीवित रहे, इसलिए उन्होंने होरमुसजी टाटा के पुत्र नवल होरमुसजी टाटा को गोद ले लिया। इस तरह लेडी नवाजबाई के इसी दत्तक पुत्र ने आगे चलकर टाटा घराने का कामकाज सँभाला।

□

नवल होरमुसजी टाटा

नवल होरमुसजी टाटा का जन्म 30 अगस्त, 1904 को बंबई में एक मध्यवर्गीय परिवार में हुआ था।

उनके पिता होरमुसजी टाटा अहमदाबाद की एक मिल में स्पिनिंग मास्टर थे। जब नवल केवल चार वर्ष के थे, उनके पिता की मृत्यु हो गई। यह उनके परिवार के लिए एक बड़ा आघात था। बढ़ती उम्र के अपने बच्चों का पालन-पोषण करना उनकी विधवा माँ के लिए एक दुष्कर कार्य था। बंबई में उनके रिश्तेदारों ने उन्हें कुछ समय तक राहत पहुँचाई। उसके बाद उनका आश्रय-स्थल बना नवसारी स्थित पारिवारिक घर।

आखिर में यह परिवार सूरत में बस गया। उनके जरूरी खर्चे उनकी माताजी द्वारा किए जा रहे जरदोजी कार्य की आय से पूरे किए जाने लगे।

इसी बीच उनके दोराबजी का दृश्य-पटल पर आगमन हुआ। उनकी मदद से नवल के दो भाइयों को जे.एन. पेटिट पारसी अनाथालय में शरण मिली। ठीक एक साल बाद उन्हें भी यहाँ शरण

दी गई। इस अनाथालय में लगभग 300 बच्चे पल रहे थे, जिनके लिए भोजन, कपड़े तथा स्वास्थ्य हेतु एक सीमित धन बजट के रूप में उपलब्ध था। यह कमोबेश एक तंगहाल जिंदगी थी।

इस स्थिति में रहकर यह बालक आगे चलकर टाटा संस्थान में एक महत्त्वपूर्ण पद पर जा पहुँचा। यह उनके दृढ़ निश्चय एवं व्यक्तिगत गुणों का अनोखा समन्वय था, जिसने उन्हें सफलता के इस मुकाम तक पहुँचाया।

सन् 1918 में 47 वर्ष की आयु में सर रतन टाटा की इंग्लैंड में मृत्यु हो गई। सर दोराबजी की अध्यक्षता में पारिवारिक सदस्यों की बैठक में तय किया गया कि 'उत्थमा संस्कार' के लिए एक पुत्र का होना जरूरी है, इसलिए पुत्र के रूप में किसी को गोद लिया जाए। नवल की माँ सर रतन की सबसे प्रिय चचेरी माँ थीं, इसलिए नवल को गोद लेने का निर्णय किया गया। नवाजबाई ने इस पारिवारिक निर्णय को स्वीकार कर लिया और इस तरह नवल होरमुसजी टाटा को गोद ले लिया गया।

जैसा कि सर्वविदित है, जमशेदजी टाटा का विवाह हीराबाई से हुआ था। उनके दो पुत्र थे—दोराबजी तथा रतनजी, जिनका कोई उत्तराधिकारी नहीं था। सर रतन टाटा की धर्मपत्नी लेडी नवाजबाई ने नवल होरमुसजी को तभी गोद ले लिया था, जब वे अनाथालय में पल रहे थे।

सन् 1918 में 47 वर्ष की आयु में सर रतन टाटा की इंग्लैंड में मृत्यु हो गई। सर दोराबजी की अध्यक्षता में पारिवारिक सदस्यों की बैठक में तय किया गया कि 'उत्थमा संस्कार' के लिए एक पुत्र का होना जरूरी है, इसलिए पुत्र के रूप में किसी को गोद लिया जाए। नवल की माँ सर रतन की सबसे प्रिय चचेरी माँ थीं, इसलिए नवल को गोद लेने का निर्णय किया गया। नवाजबाई ने इस पारिवारिक निर्णय को स्वीकार कर लिया और इस तरह नवल होरमुसजी टाटा को गोद ले लिया गया। नवाजबाई नवल को तत्काल अनाथालय से निकालना चाहती थीं; लेकिन अनाथालय के नियम इसके आड़े आ गए। वे वहाँ से तभी निकल पाए, जब उन्होंने वहाँ रहते हुए दसवीं की परीक्षा पास कर ली।

यद्यपि वह अचानक ही देश के एक प्रभावशाली परिवार के सदस्य बन गए थे, लेकिन उन्हें अपना अतीत हमेशा याद रहा। वे कहा करते थे कि मैं भगवान् का शुक्रगुजार हूँ, जिन्होंने मुझे गरीबी के कष्टों को अनुभव करने का अवसर दिया, जिसने आनेवाले वर्षों में मेरे व्यक्तित्व को तदनुसार ढाला।

बंबई विश्वविद्यालय से अर्थशास्त्र में स्नातक की पढ़ाई पूरी करने के बाद एकाउंटेंसी में एक लघु पाठ्यक्रम पूरा करने के लिए वे इंग्लैंड गए। सन् 1930 में वहाँ से लौटने के बाद उन्होंने डिस्पैच क्लर्क असिस्टेंट सेक्रेटरी के रूप में टाटा संगठन में प्रवेश पाया।

शीघ्र ही वे टाटा संस में असिस्टेंट सेक्रेटरी पद पर आसीन हो गए। सन् 1933 में वे वैमानिकी विभाग में सचिव बनाए गए। बाद में कपड़ा विभाग में एक्जीक्यूटिव के रूप में उन्हें स्थानांतरित कर दिया गया। उनकी योग्यता देखकर सन् 1939 में उन्हें टाटा द्वारा संचालित कपड़ा कारखानों का संयुक्त प्रबंध निदेशक बनाया गया। सन् 1941 में उन्हें टाटा संस में एक डायरेक्टर के रूप में पदोन्नत कर दिया गया। सन् 1948 में प्रबंध निदेशक के रूप में उन्होंने टाटा ऑयल मिल्स कंपनी लि. का कार्यभार सँभाला। इससे पूर्व वे टाटा मिल्स के चेयरमैन पहले ही बन चुके थे। आगामी वर्षों में उन्हें बड़ी तेजी से पदोन्नति दी गई। वे अन्य कपड़ा कारखानों एवं तीन इलेक्ट्रिक् कंपनियों के अध्यक्ष बनाए गए तथा बाद में टाटा संस में उपाध्यक्ष नियुक्त हुए।

शीघ्र ही वे टाटा संस में असिस्टेंट सेक्रेटरी पद पर आसीन हो गए। सन् 1933 में वे वैमानिकी विभाग में सचिव बनाए गए। बाद में कपड़ा विभाग में एक्जीक्यूटिव के रूप में उन्हें स्थानांतरित कर दिया गया। उनकी योग्यता देखकर सन् 1939 में उन्हें टाटा द्वारा संचालित कपड़ा कारखानों का संयुक्त प्रबंध निदेशक बनाया गया। सन् 1941 में उन्हें टाटा संस में एक डायरेक्टर के रूप में पदोन्नत कर दिया गया।

इस तरह उनके पास चार टेक्सटाइल मिलों, तीन पावर कंपनियों तथा सर रतन टाटा ट्रस्ट के प्रबंध की सीधी जिम्मेदारी थी। इसके अतिरिक्त भी ग्रुप की कई अन्य कंपनियों तथा ट्रस्टों का मार्गदर्शन करने का उत्तरदायित्व उन्हीं पर था।

कार्य की व्यस्तताओं से घिरे होने के बावजूद उन्होंने अपना शांत स्वभाव, सद्व्यवहार एवं नम्रता जैसे गुण अपने व्यक्तित्व की विशेषता में बनाए रखे और न ही वे अपने अतीत को कभी भूले।

बॉम्बे हाउस में अपनी व्यस्त दिनचर्या के बावजूद वे समाज के तमाम तबके के लोगों से मिलते रहते थे। टाटा नाम से संचालित विभिन्न ट्रस्टों से उन्हें काफी लगाव था; क्योंकि इन ट्रस्टों का कार्य परोपकार की भावना पर आधारित था। अत: वे इनके कार्यों के प्रति अपने को ज्यादा उत्तरदायी महसूस करते थे।

भारतीय कैंसर सोसाइटी के वे लगभग 30 वर्षों तक अध्यक्ष रहे। खेलकूद के क्षेत्र में भी उन्होंने अपना काफी योगदान किया। सन् 1946 से 1961 तक वे 'इंडियन हॉकी फेडरेशन' के अध्यक्ष भी रहे। 'ऑल इंडिया कौंसिल फॉर स्पोर्ट्स' के वे प्रथम चेयरमैन थे। उन्होंने 'इंटरनेशनल हॉकी फेडरेशन' को भी अपनी सेवाएँ मुहैया कराईं।

दिन भर की थका देनेवाली जीवनचर्या के बावजूद वे अपने को तरोताजा बनाए रखते थे तथा समय-समय पर चुटकी लेने से भी नहीं चूकते थे। वे काफी मिलनसार तथा सरल प्रकृति के इनसान थे। कर्मचारी भी उनके रोचक चुटकुलों का आनंद उठाते थे और उनका सम्मान करते थे।

श्रम संबंधों के बारे में भी उनका कार्य काफी बेहतर था। वे एक ईमानदार एवं खुले व्यक्तित्ववाले व्यक्ति थे। कर्मचारी वर्ग की समस्याओं को सुलझाने में उनकी गहरी रुचि थी। स्थितियों के अनुरूप वे अपना दृष्टिकोण सामने रखते तथा किसी समस्या के समाधान हेतु सभी विकल्पों पर यथेष्ट रूप से विचार करते थे।

सन् 1946 में अंतरराष्ट्रीय श्रमिक संघ में उन्होंने भारतीय टेक्सटाइल उद्योग का प्रतिनिधित्व किया। उनके विचारों को काफी सराहना मिली। सन् 1957 में उन्हें अंतरराष्ट्रीय श्रमिक संघ की नियामक समिति का सदस्य चुना गया और वे 1989 में अपनी मृत्यु तक इसके सदस्य रहे। सन् 1966 में वे देश में योजना आयोग के 'श्रम पैनल' के सदस्य चुने गए।

उनके द्वारा 'नेशनल इंस्टीट्यूट ऑफ लेबर मैनेजमेंट' की स्थापना की गई थी, जो आज 'नेशनल इंस्टीट्यूट ऑफ पर्सनल मैनेजमेंट' के नाम से जाना जाता है। सन् 1951 से 1980 तक वे इसके अध्यक्ष भी रहे। विभिन्न कारणों द्वारा मालिकों एवं कर्मचारियों के बीच बढ़ रही खाई को पाटने का कार्य भी उन्होंने किया। उन्होंने निष्पक्ष एवं समुचित उपाय सुझाए। वे अपने को कर्मचारी हितों के हिमायती मानते थे एवं उनके अधिकारों एवं हितों के लिए सतत व उल्लेखनीय कार्य किया। असंगठित क्षेत्र के कर्मचारियों के हितों का भी वे पूरा ध्यान रखते थे।

वे भारतीय हॉकी फेडरेशन के भी कई वर्षों तक अध्यक्ष रहे। उनके अध्यक्षीय कार्यकाल में भारत ने ओलंपिक हॉकी में लगातार तीन ओलंपिक में स्वर्ण-पदक जीते। टाटा स्पोर्ट्स क्लब ने भारतीय हॉकी की महत्त्वपूर्ण सेवा की।

वे एक सर्वतोमुखी प्रतिभा के धनी थे। कई बार वे एक साथ कई संस्थानों को अपनी सेवाएँ दे रहे थे, जैसे इंडियन इंस्टीट्यूट ऑफ साइंस, स्वदेशी लीग, बंबई राज्य समाज कल्याण परिषद्, नेशनल सेफ्टी कौंसिल आदि। वे कई जन-कल्याणकारी ट्रस्टों के अध्यक्ष भी थे।

वे भारतीय हॉकी फेडरेशन के भी कई वर्षों तक अध्यक्ष रहे। उनके अध्यक्षीय कार्यकाल में भारत ने ओलंपिक हॉकी में लगातार तीन ओलंपिक में स्वर्ण-पदक जीते। टाटा स्पोर्ट्स क्लब ने भारतीय हॉकी की महत्त्वपूर्ण सेवा की।

सन् 1969 में गणतंत्र दिवस पर राष्ट्रपति ने उन्हें 'पद्म विभूषण' से सम्मानित किया। उसी वर्ष औद्योगिक शांति बनाए रखने में उनके योगदान को मान्यता देते हुए उन्हें सम्मानित किया गया।

नवल होरमुसजी टाटा का विवाह सूनू के साथ हुआ था। उनका गृहस्थ जीवन सुखदायक नहीं रहा। नवल व सूनू का तलाक होने के बाद उनके पुत्रों रतन एवं जिम्मी के परवरिश की जिम्मेदारी लेडी नवाजबाई ने सँभाली।

5 मई, 1989 को इस सरल हृदय एवं सुधारक प्रवृत्ति के व्यक्ति का देहांत हो गया। वे उन्नति के लिए सबको समान अवसर देने के हिमायती थे।

□

जे.आर.डी. टाटा

जहाँगीर रतन दादाभाई (जे.आर.डी.) का जन्म 29 जुलाई, 1904 को पेरिस में हुआ था। उनकी माता फ्रांसीसी थीं। उनके पिता का नाम रतन दादाभाई टाटा था। वे जमशेदजी के चचेरे भाई और आर.डी. के नाम से प्रसिद्ध हुए। जे.आर.डी. की शिक्षा फ्रांस, जापान आदि देशों में हुई। उन्होंने एक वर्ष तक फ्रांस की सेना में प्राथमिक सेवा भी की। उनकी इच्छा थी कि वे सेना में बने रहें, लेकिन विधाता को कुछ और ही मंजूर था। अत: उन्हें फ्रांस की सेना को अलविदा कहना पड़ा।

वे कैंब्रिज विश्वविद्यालय से इंजीनियरिंग की शिक्षा प्राप्त करना चाहते थे, लेकिन इसी बीच उन्हें अपने पिता से भारत आने का संदेश प्राप्त हुआ और वे एक आज्ञाकारी पुत्र की भाँति भारत लौट आए। यहाँ लौटकर उन्होंने अपने आपको एक ऐसे माहौल एवं व्यावसायिक साम्राज्य के अंतर्गत पाया, जिसके वे अभ्यस्त नहीं थे। उनके कार्य की शुरुआत टाटा संस में एक सहायक के रूप में हुई। उनके पिता आर.डी. की मृत्यु के कुछ समय बाद सन् 1926 में उन्हें कंपनी में एक निदेशक के तौर पर शामिल कर लिया गया। सन् 1938 में वे चेयरमैन नियुक्त हुए। जे.आर. डी. एक करिश्माई व्यक्ति थे।

जे.आर.डी. को भारत में नागरिक विमानन का संस्थापक माना जाता है। वे भारत के प्रथम ऐसे पायलट थे, जिन्होंने यह योग्यता प्राप्त की थी। सन् 1932 में उन्होंने भारत के प्रथम राष्ट्रीय वाहक 'टाटा एयरलाइंस' की स्थापना की। सन् 1946 में इसका नाम 'एयर इंडिया लिमिटेड' कर दिया गया। टाटा एयरलाइंस की उद्घाटन उड़ान कराची से बंबई के बीच हुई, जिसका नियंत्रण जे.आर.डी. के हाथों में था।

लगभग 53 वर्षों तक उन्होंने भारत के औद्योगिक विकास में अपना योगदान दिया। 25 मार्च, 1991 को उन्होंने अपने कनिष्ठ साथी रतन नवल टाटा को टाटा संस का कार्यभार सौंप दिया। टाटा संस के बोर्ड ने उन्हें एकमत से आजीवन अध्यक्ष (अवकाश-प्राप्त) चुना।

जे.आर.डी. को भारत में नागरिक विमानन का संस्थापक माना जाता है। वे भारत के प्रथम ऐसे पायलट थे, जिन्होंने यह योग्यता प्राप्त की थी। सन् 1932 में उन्होंने भारत के प्रथम राष्ट्रीय वाहक 'टाटा एयरलाइंस' की स्थापना की। सन् 1946 में इसका नाम 'एयर इंडिया लिमिटेड' कर दिया गया। टाटा एयरलाइंस की उद्घाटन उड़ान कराची से बंबई के बीच हुई, जिसका नियंत्रण जे.आर.डी. के हाथों में था। बाद के वर्षों में उन्होंने लंबी दूरी की अंतरराष्ट्रीय उड़ानों के लिए भारत सरकार के साथ संयुक्त उपक्रम के रूप में एयर इंडिया इंटरनेशनल लि. की स्थापना की। सन् 1953 में इसके राष्ट्रीयकरण होने तक वे इसके कार्यकारी अध्यक्ष रहे।

उनके सुझाव पर भारत सरकार ने दो उड़ान कॉरपोरेशन—एयर इंडिया एवं इंडियन एयरलाइंस स्थापित किए, जो कि क्रमशः अंतरराष्ट्रीय एवं घरेलू उड़ानों के लिए गठित किए गए थे। उन्हें एयर इंडिया का चेयरमैन नियुक्त किया गया। इस पद पर वे सन् 1978 तक कार्य करते रहे।

भारतीय नागरिक उड्डयन की पचासवीं वर्षगाँठ पर 78 वर्ष की आयु में उन्होंने एक 50 वर्ष पुराने विमान में अपनी 1932 की उद्घाटन उड़ान को 15 अक्तूबर, 1982 को उड़ान भरकर दोहराया।

वैमानिकी क्षेत्र में उनके योगदान के लिए उन्हें कई पुरस्कारों से सम्मानित किया गया। सन् 1948 में उन्हें भारतीय वायु सेना में ऑनरेरी ग्रुप कैप्टन तथा 1966 में एयर कमोडोर (ऑनरेरी) के पद से नवाजा गया। इसके अलावा उन्होंने कई अंतरराष्ट्रीय पुरस्कार भी प्राप्त किए।

टाटा एयरलाइंस की उन्होंने एक बच्चे की तरह देखभाल की। इसकी कल्पना, रूपरेखा से लेकर इसे व्यावहारिक धरातल पर उतारने और बाद में इसके विकास एवं देखभाल में उन्होंने काफी परिश्रम किया था। यही कारण था कि सन् 1953 में जवाहरलाल नेहरू द्वारा एयर इंडिया के राष्ट्रीयकरण का उन्होंने भरपूर विरोध किया। नेहरूजी ने उन्हें यह छूट दे दी कि वे मालवाहक विमानों का नियंत्रण एवं प्रबंधन सँभाले रहें, जहाँ से उन्हें सन् 1977 में सरकार द्वारा एक कानून बनाकर अलग कर दिया गया।

टाटा एयरलाइंस की उन्होंने एक बच्चे की तरह देखभाल की। इसकी कल्पना, रूपरेखा से लेकर इसे व्यावहारिक धरातल पर उतारने और बाद में इसके विकास एवं देखभाल में उन्होंने काफी परिश्रम किया था। यही कारण था कि सन् 1953 में जवाहरलाल नेहरू द्वारा एयर इंडिया के राष्ट्रीयकरण का उन्होंने भरपूर विरोध किया। नेहरूजी ने उन्हें यह छूट दे दी कि वे मालवाहक विमानों का नियंत्रण एवं प्रबंधन सँभाले रहें, जहाँ से उन्हें सन् 1977 में सरकार द्वारा एक कानून बनाकर अलग कर दिया गया।

एयर इंडिया का परिचालन जे.आर.डी. की उत्कृष्ट कार्यकुशलता का नमूना थी। तब समाजवाद के सिद्धांतों का बोलबाला था। उद्योगों को अनेक प्रकार के नियमों एवं प्रतिबंधों के अधीन रहकर कार्य करना पड़ता था, फिर भी जे.आर.डी. ने अपने स्तर से भरसक प्रयास कर देश को औद्योगिक उत्थान के मार्ग पर अग्रसर कराया।

यह इस बात से भी स्पष्ट है कि जब जे.आर.डी. ने टाटा संस के चेयरमैन का पद सँभाला, तब टाटा ग्रुप के नियंत्रणाधीन 14 कंपनियाँ थीं। उनके लगभग 50 वर्ष के कार्यकाल में अर्थात् जुलाई 1988 तक ऐसी 95 कंपनियाँ थीं, जिन्हें टाटा ग्रुप ने शुरू किया था या जिनका नियंत्रण टाटाओं के हाथ में था। उनके

परिपक्व नेतृत्व में टाटा ग्रुप का चहुँमुखी विस्तार हुआ। इनमें प्रमुख हैं—बिजली, इंजीनियरिंग, होटल, कंसल्टेंसी सर्विसेज, सूचना प्रौद्योगिकी, उपभोक्ता वस्तुएँ तथा अन्य औद्योगिक उत्पाद।

विज्ञान एवं चिकित्सा के क्षेत्र में भी उनका योगदान अपूर्व है। उनके कार्यकाल में टाटा इंस्टीट्यूट ऑफ सोशल साइंस, टाटा इंस्टीट्यूट ऑफ फंडामेंटल रिसर्च, नेशनल इंस्टीट्यूट ऑफ एडवांस साइंसेज, टाटा मेमोरियल हॉस्पिटल ने अपने-अपने क्षेत्र में नई ऊँचाइयों को छुआ।

जे.आर.डी. ने उस समय चालू कारोबार के तौर-तरीकों को एक नई दिशा दी। उन्होंने घरानों के सदस्यों की देखरेख में उद्यम चलाने की परिपाटी अपनाने के बजाय विशुद्ध व्यावसायिक नजरिया अपनाया। प्रतिभाओं को आगे लाकर उनकी दक्षता का उपयोग करने और उन्हें आगे बढ़ने का अवसर प्रदान किया। इसमें उन्हें कुछ कठिनाइयों से भी दो-चार होना पड़ा, लेकिन उन्होंने चुनौती का सामना किया।

जे.आर.डी. ने उस समय चालू कारोबार के तौर-तरीकों को एक नई दिशा दी। उन्होंने घरानों के सदस्यों की देखरेख में उद्यम चलाने की परिपाटी अपनाने के बजाय विशुद्ध व्यावसायिक नजरिया अपनाया। प्रतिभाओं को आगे लाकर उनकी दक्षता का उपयोग करने और उन्हें आगे बढ़ने का अवसर प्रदान किया। इसमें उन्हें कुछ कठिनाइयों से भी दो-चार होना पड़ा, लेकिन उन्होंने चुनौती का सामना किया।

जे.आर.डी. की नजर में राष्ट्रीय हित का अभिप्राय देश की प्रगति से था और इस दिशा में उन्होंने अपना भरपूर योगदान दिया। साधारण स्तर पर दान देकर अपने कर्तव्य की इतिश्री समझ लेने का विचार उनको स्वीकार्य न था; बल्कि वे ऐसे कार्यों को प्राथमिकता देते थे, जो चिरस्थायी हों और स्थायी परिणाम देनेवाले हों। इसे ध्यान में रखकर ही सन् 1944 में बहूद्देश्यीय 'टाटा ट्रस्ट' की स्थापना की गई। जे.आर.डी. ने अपने शेयरों की बिक्री से प्राप्त धन से बंबई में 'थेलमा टाटा ट्रस्ट' की स्थापना की। इस ट्रस्ट का उद्देश्य था—वंचित वर्ग की महिलाओं की स्थिति सुधारना और उन्हें उन्नति की ओर अग्रसर कराना।

देश-हित में परिवार-नियोजन एवं जनसंख्या नियंत्रण के वे हिमायती थे। उनके प्रयासों को मान्यता देते हुए सितंबर 1992 में उन्हें यू.एन. पॉपुलेशन अवार्ड से पुरस्कृत किया गया। वे 'परिवार नियोजन संस्थान' के संस्थापक सदस्य थे। वे

'टाटा इंस्टीट्यूट ऑफ फंडामेंटल रिसर्च' की गवर्निंग बॉडी के चेयरमैन, एटॉमिक एनर्जी कमीशन के सदस्य, इंडियन इंस्टीट्यूट ऑफ साइंस, बंगलौर की कोर्ट के प्रेसीडेंट भी रहे। वे 'जे.एन. टाटा इंडोमेंट फॉर द हायर एजुकेशन ऑफ इंडियंस' एवं 'होमी भाभा फेलोशिप कौंसिल' के चेयरमैन रहे। इसके साथ ही उन्होंने सर दोराबजी टाटा ट्रस्ट, जे.आर.डी. टाटा ट्रस्ट और जमशेदजी टाटा ट्रस्ट के चेयरमैन के रूप में पदभार सँभाला।

उन्हें कई राष्ट्रीय एवं अंतरराष्ट्रीय सम्मान भी प्राप्त हुए। इनमें प्रमुख हैं—'पद्म विभूषण', फ्रांस का 'लेजन ऑफ ऑनर', ऑर्डर ऑफ मेरिट ऑफ द फेडरल रिपब्लिक ऑफ जर्मनी तथा डॉक्टरेट की उपाधियाँ इलाहाबाद, बंबई, रुड़की व बनारस विश्वविद्यालय आदि से पाईं। भारत सरकार ने सन् 1992 में उन्हें देश के सर्वोच्च नागरिक सम्मान 'भारत रत्न' से सम्मानित किया। देश के इस सपूत का नवंबर 1993 में जेनेवा में देहावसान हो गया।

जे.आर.डी. की थेलमा से फ्रांस में मुलाकात हुई थी। थेलमा के साथ उनके रोमांस की सुखद परिणति दोनों की शादी के रूप में हुई और यह शादी सन् 1930 में संपन्न हुई। वे निस्संतान थे, लेकिन इसे उन्होंने भगवान् की इच्छा के रूप में स्वीकार कर लिया। जे.आर.डी. आज भले ही हमारे बीच नहीं हैं, परंतु टाटा ग्रुप में जे.आर.डी. युग का अस्तित्व हमेशा बना रहेगा। यह देश भी उन्हें सदैव याद रखेगा।

□

रतन टाटा

रतन नवल टाटा का जन्म संपन्न एवं प्रसिद्ध टाटा परिवार में सन् 1937 में बंबई में हुआ। वे सूनू एवं नवल होरमुसजी टाटा के सुपुत्र हैं।

रतन का बचपन थोड़ा दुर्भाग्य-पीड़ित भी रहा। जब वे मात्र सात वर्ष के थे, तब उनकी माता एवं पिता के बीच तलाक हो गया। रतन एवं उनके भाई जिम्मी की परवरिश उनकी दादी नवाजबाई द्वारा की गई। उनका रतन पर काफी स्नेह था। रतन टाटा की प्रारंभिक शिक्षा बंबई के कैंपियन स्कूल में हुई। पंद्रह वर्ष की उम्र में उन्हें आगे की पढ़ाई पूरी करने के लिए अमेरिका भेज दिया गया। अमेरिका के कार्नेल विश्वविद्यालय से उन्होंने सन् 1962 में आर्किटेक्चर

एवं स्ट्रक्चरल इंजीनियरिंग में स्नातक डिग्री प्राप्त की। उन्होंने हार्वर्ड बिजनेस स्कूल से एडवांस्ड मैनेजमेंट प्रोग्राम का कोर्स भी किया।

सन् 1962 में भारत आने के पश्चात् उन्होंने टाटा ग्रुप में प्रवेश पाया। तब जे.आर.डी. टाटा ग्रुप के चेयरमैन थे। उन्होंने रतन को टाटा स्टील में कार्य करने हेतु जमशेदपुर भेज दिया, ताकि वे टाटा स्टील के कार्य को अच्छी तरह समझ सकें। वहाँ उन्होंने नीली वरदी पहनकर अन्य कर्मचारियों की तरह ही कार्य किया। इस कार्य में फावड़े से चूने के पत्थरों को हटाने के कार्य से लेकर धधकती हुई भट्ठियों से संबंधित कार्य तक शामिल था।

सन् 1962 में भारत आने के पश्चात् उन्होंने टाटा ग्रुप में प्रवेश पाया। तब जे.आर.डी. टाटा ग्रुप के चेयरमैन थे। उन्होंने रतन को टाटा स्टील में कार्य करने हेतु जमशेदपुर भेज दिया, ताकि वे टाटा स्टील के कार्य को अच्छी तरह समझ सकें। वहाँ उन्होंने नीली वरदी पहनकर अन्य कर्मचारियों की तरह ही कार्य किया। इस कार्य में फावड़े से चूने के पत्थरों को हटाने के कार्य से लेकर धधकती हुई भट्ठियों से संबंधित कार्य तक शामिल था।

सन् 1971 में उन्हें नेशनल रेडियो ऐंड इलेक्ट्रोनिक्स कंपनी (नेल्को) का कार्यभार सौंपा गया। नेल्को उस समय आर्थिक कठिनाइयों से गुजर रही थी। किसी को भी उसकी सफलता की उम्मीद नहीं थी। लेकिन रतन टाटा कंपनी का भविष्य देखते हुए तत्कालीन चेयरमैन जे.आर.डी. टाटा को यह समझाने में सफल रहे कि कंपनी में और निवेश की जरूरत है। यद्यपि जे.आर.डी. और निवेश करने को उत्सुक नहीं थे ।

यह वह समय था जब देश में लाइसेंस एवं परमिटराज का बोलबाला था। फलतः उन्हें अपने कार्य को अंजाम देने में काफी कठिनाइयाँ झेलनी पड़ीं। इन कठिनाइयों ने उन्हें एक नई दृष्टि प्रदान की। अतः उन्होंने अपनी योग्यताओं को और सँवारने पर ध्यान दिया तथा सन् 1975 में हार्वर्ड स्कूल से प्रबंधन में उच्च शिक्षा प्राप्त की। दिसंबर 1988 में उन्हें टेल्को का चेयरमैन बनाया गया। अपने पिता की मृत्यु के पश्चात् सन् 1989 में चेयरमैन के रूप में उन्होंने 'सर रतन टाटा ट्रस्ट' का कार्यभार सँभाला।

अपने कार्यकाल में जे.आर.डी. टाटा ने 'टाटा संस' का आधार कुछ विस्तृत किया। फलतः सन् 1980 में इसमें जहाँ केवल 11 डायरेक्टर थे, 1991 तक इनकी संख्या 18 हो गई। इसमें उन लोगों को शामिल किया गया, जिन्होंने

टाटा ग्रुप के विकास में महत्त्वपूर्ण भूमिका निभाई थी। बाद के वर्षों में इसमें फेर-बदल होता रहा।

25 मार्च, 1991 को जे.आर.डी. टाटा ने अपने उत्तराधिकारी के रूप में रतन नवल टाटा का नाम 'टाटा संस' के चेयरमैन पद हेतु प्रस्तावित किया और स्वयं अवकाश ग्रहण कर लिया।

□

रतन टाटा के नेतृत्व में टाटा ग्रुप का सफर

जब रतन टाटा ने 104 वर्ष पुराने टाटा ग्रुप का प्रभार अपने हाथ में लिया तो उनके पूर्ववर्ती जे.आर.डी. टाटा लगभग 50 वर्षों से इसका कार्य सँभाले हुए थे। उन्होंने ग्रुप को एक नई चमक प्रदान की थी, वहीं दूसरी ओर इस पर अपनी व्यक्तिगत शैली की छाप भी छोड़ी। जे.आर.डी. के कार्यकाल के उत्तरार्ध में टाटा ग्रुप के विभिन्न संस्थानों के कुछ शक्तिशाली चेयरमैन तथा प्रबंध निदेशकों, जो जे.आर.डी. से नजदीकी रूप से जुड़े थे, ने अपने-अपने संबंधों की घनिष्ठता की पृष्ठभूमि में अपने से संबंधित कंपनियों पर अपनी छाप छोड़ने की कोशिश की।

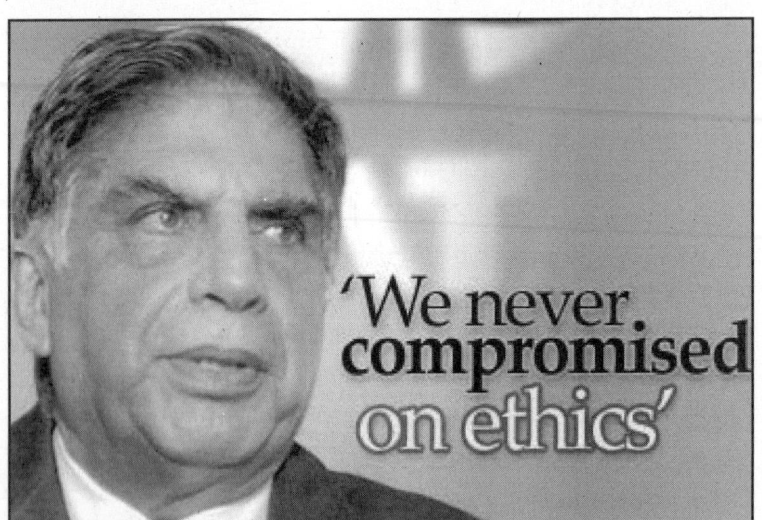

जुलाई 1991 में केंद्र सरकार ने एम.आर.टी.पी. के कई प्रावधानों को समाप्त कर दिया और उदारीकरण की ओर कदम बढ़ाया। सरकार का यह कार्य रतन टाटा के लिए काफी राहत भरा था, जिन्होंने मात्र तीन माह पूर्व ही कार्यभार सँभाला था।

जब रतन टाटा चेयरमैन पद पर आरूढ़ हुए तो वैयक्तिक कंपनियों का संचालन शक्तिशाली चेयरमैन या प्रबंध निदेशकों के हाथ में था और वे अपने-अपने ढंग से चल रहे थे। इन सबको को एक साथ जोड़ना उनके लिए सबसे प्रमुख चुनौती भरा कार्य था। उन्होंने चेयरमैन तथा प्रबंध निदेशक पद हेतु अवकाश ग्रहण करने की उम्र तय की। चेयरमैन हेतु यह उम्र 75 वर्ष तथा प्रबंध निदेशक हेतु 65 वर्ष थी। उन्होंने तत्कालीन कंपनियों को संगठित किया, कुछ अन्य से बाहर आना सुनिश्चित किया, नई कंपनियाँ स्थापित कीं तथा बाद में कुछ का अधिग्रहण किया। अपने कार्यकाल के प्रथम दशक में ही उन्होंने 32 नई शुरुआतें कीं।

जे.आर.डी. की मृत्यु (सन् 1993) तक यह स्पष्ट हो चुका था कि रतन टाटा का 'टाटा संस' के बैनर तले ग्रुप की कंपनियों को संगठित करने के प्रयास को जे.आर.डी. का वरदहस्त प्राप्त था। उदारीकरण के इस दौर में 'टाटा' होल्डिंग कंपनी ने ग्रुप कंपनीज जैसे टिस्को (टाटा स्टील), टाटा केमिकल्स, टेल्को (टाटा मोटर्स) एवं टाटा टी में धीरे-धीरे अपना शेयर अनुपात बढ़ा दिया। उनके अधीन टाटा कंसल्टेंसी सर्विसेज का सार्वजनिकीकरण हुआ। इसी दौरान टाटा मोटर्स न्यूयॉर्क स्टॉक एक्सचेंज में सूचीबद्ध हुआ।

शताब्दी के आखिरी दशक में कार्य की सुगमता हेतु टाटा ग्रुप ने कई क्षेत्रों जैसे खाद्य तेल (टोमको), कॉस्मेटिक्स (लक्मे), फार्मास्युटिकल्स (रैलिस ऐंड मेरिंड), पेंट्स (गुडलास नेरोलेक) में अपने शेयर बेच दिए। इसके अलावा उन्होंने ए.सी.सी, कंप्यूटर ऐंड टेलीकम्युनिकेशन हार्डवेयर एवं तेल में अपनी परिसंपत्तियाँ बेच दीं। आई.बी.एम. टाइमेक्स जैसे संयुक्त उपक्रमों से वे अलग हो गए।

सन् 1990 से 2002 के बीच उनका मुख्य ध्यान कार, टेलीकॉम, इंश्योरेंस एवं फर्टिलाइजर्स पर रहा। इक्कीसवीं शताब्दी में आज टाटा ग्रुप के कार्यक्षेत्र को प्रमुख रूप से निम्न सात क्षेत्रों में बाँटा जा सकता है—

1. मैटेरियल्स : जैसे स्टील एवं उन्नत प्लास्टिक्स
2. केमिकल्स : इनऑर्गेनिक फर्टिलाइजर्स, पेस्टीसाइड्स
3. इंजीनियरिंग : ऑटोमोबाइल्स, ऑटो कंपोनेंट्स, एयर कंडीशनिंग
4. एनर्जी : ऊर्जा
5. उपभोक्ता वस्तुएँ : चाय, कॉफी, घड़ियाँ

6. सेवाएँ : होटल, रिटेल, वित्त सेवाएँ, इंश्योरेंस, अंतरराष्ट्रीय व्यापार
7. सूचना पद्धतियाँ : सॉफ्टवेयर, औद्योगिक एवं दूरसंचार, ऑटोमेशन एवं दूरसंचार।

चेयरमैन का पद सँभालते ही रतन टाटा ने कई तकनीकी व्यवसायों की आधारशिला रखी तथा कई उपक्रमों के विकास का लक्ष्य रखा। जे.आर.डी. के दक्ष निर्देशन में उन्होंने टाटा ग्रुप के संबंध में अपनी कल्पनाओं को साकार रूप देना शुरू किया। यह एक तरह से संक्रमण काल था। उदारीकरण की शुरुआत के साथ ही पुरानी मान्यताओं एवं व्यवस्थाओं की जगह नई मान्यताएँ एवं नियम स्थापित हो रहे थे। केंद्रीय औद्योगिक नीति में फेर-बदल के साथ ही व्यक्तिगत उपक्रमों की स्थापना में व्याप्त तमाम विसंगतियों को दूर करने तथा उनके विकास के लिए उचित वातावरण के निर्माण के लिए सरकार भी कुछ हद तक प्रयत्नशील थी। फलतः पब्लिक सेक्टर के कुछ क्षेत्र प्राइवेट सेक्टर के लिए खोल दिए गए। दशकों तक समाजवादी चोले के अंतर्गत सिमटी, सिकुड़ी अर्थव्यवस्था को पैर पसारने का मौका मिला। कतिपय देशों की आर्थिक नीतियों में परिवर्तन हो चुका था और कई देशों में यह दौर जारी था। ऐसी स्थिति में भारत सरकार भी समझ चुकी थी कि अच्छी आर्थिक विकास दर प्राप्त करने के लिए उदार नीतियों की जरूरत है।

इस नई सोच एवं परिस्थिति का लाभ रतन टाटा को भी मिला, फलतः उन्होंने उद्योग के कई नए क्षेत्रों में कदम बढ़ाए। यहाँ यह भी उल्लेखनीय है कि 'टाटा कंसल्टेंसी सर्विस' की बदौलत टाटा ग्रुप की विदेशी परिलब्धियों में उल्लेखनीय वृद्धि हुई। इसे रतन टाटा ने ही '80 के दशक में स्थापित किया था। शीघ्र ही यह विश्व धरातल पर कंसल्टेंसी क्षेत्र में एक प्रसिद्ध नाम हो गया ।

□

रतन टाटा की दूरदर्शिता

जब रतन टाटा ने टाटा संस की कमान सँभाली तो न केवल टाटा ग्रुप बल्कि पूरे देश में पुराने चलन में बदलाव की बयार बह रही थी। भारतीय अर्थव्यवस्था के उदारीकरण के साथ ही वैश्विक अर्थव्यवस्था की सोच में बदलाव से अवसरों एवं चुनौतियों का एक नया युग सामने था। इन चुनौतियों का सामना करने एवं प्राप्त अवसरों को सफलता में परिवर्तित करने के लिए उन्होंने कई कदम उठाए।

टाटा द्वारा प्रबंधित कंपनियों में अपनी होल्डिंग बढ़ाना—इस सोच के तहत सन् 2002 तक टाटा स्टील में होल्डिंग 8 से 26 प्रतिशत, टेल्को में 17 से

32 प्रतिशत, वोल्टास में 22 से 25 प्रतिशत हो गई। कुछ अन्य कंपनियों जैसे टाटा केमिकल्स, टाटा टी आदि में यह अपरिवर्तित (30 प्रतिशत) रही। कुछ नई कंपनियों जैसे टाटा इन्फोटेक में 74 प्रतिशत, ट्रेंट लि. में 26 प्रतिशत तथा टाटा इन्फोमीडिया में होल्डिंग 50 प्रतिशत रही।

ग्रुप की नीतियों के संचालन एवं एकीकरण के तहत वर्ष 1998 में एक ग्रुप एक्जीक्यूटिव ऑफिस स्थापित किया गया। इसमें ग्रुप चेयरमैन एवं 5 सदस्य, जो कि ग्रुप कंपनी, ग्रुप फाइनेंस, ग्रुप मानव संसाधन तथा नई ग्रुप परियोजना से थे, शामिल किए गए। बाद में सन् 2002 में टाटा ग्रुप कॉरपोरेट सेंटर स्थापित किया गया, जिसमें ग्रुप एक्जीक्यूटिव ऑफिसर्स (**GEQs**) सदस्य के रूप में शामिल किए गए। इसमें शामिल थे—रतन टाटा, डॉ. जे.जे. ईरानी, आर.के. कृष्णकुमार, एम. ए. सूनावाला, आर. गोपालकृष्णन, इशहत हुसैन एवं के. ए. चौकर।

'टाटा' नाम प्रयुक्त करने हेतु एक आचार-संहिता तैयार की गई। यदि कोई इसकी अवहेलना करे तो उसे 'टाटा' नाम का प्रयोग बंद कर देना था। व्यावसायिक

उत्कृष्टता का टाटा मॉडल 1994 में शुरू किया गया। टाटा ब्रांड की महत्ता देखते हुए टाटा कंपनियों से उम्मीद की गई कि वे ब्रांड नाम की और उन्नति के लिए कार्य करें।

जब रतन टाटा ने कार्यभार सँभाला तो उस समय उनकी प्रमुख चुनौती थी— कंपनियों को एक रूपरेखा के अधीन लाना, ताकि वे एक दिशा में कार्य कर सकें। उन्होंने कंपनियों पर अपनी पकड़ मजबूत की। यद्यपि उन्होंने काफी हद तक कंपनी की स्वायत्तता उसके पास ही रहने दी, लेकिन बड़े नीतिगत निर्णयों में एक शेयर होल्डर होने के नाते असहमति की दशा में अपनी आपत्ति प्रस्तुत करने तथा उसे एक निश्चित परिणाम तक पहुँचाने का अधिकार अपने पास रखा।

आज टाटा ग्रुप विभिन्न कंपनियों का ढीला-ढाला संघ नहीं है बल्कि एक घनिष्ठ रूप से जुड़ा ग्रुप है, जिसे भविष्य की चुनौतियों से निपटने हेतु उसी दिशा में अग्रसर किया गया है।

□

पक्का इरादा

टाटा केमिकल्स एवं टेल्को को सन् 1980 तक भारत की दो सबसे बड़ी कंपनियों में गिना जाता था, लेकिन 2000-01 में टेल्को के साथ एक अनहोनी घटित हो गई। रातोरात इसके उत्पादों का बाजार 45 प्रतिशत तक गिर गया और कंपनी को 500 करोड़ रुपए का घाटा उठाना पड़ा। वस्तुत: वर्ष 1993 से 1997 तक टेल्को की बिक्री में 7,500 करोड़ की बढ़ोतरी हुई थी। यह बिक्री तब औंधे मुँह गिरी, जबकि कंपनी की इंडिका कार परियोजना में 1,700 करोड़ रुपए खप गए थे। ऐसे में बिक्री में भारी कमी तथा 500 करोड़ रुपए की हानि कंपनी तथा इसके कर्मचारियों के लिए एक बहुत बड़ी चुनौती थी। यह कर्मचारियों तथा अधिकारियों के स्वाभिमान पर एक सीधी चोट थी। उन्होंने एकनिष्ठ रूप से

तय कर लिया कि हमें इस स्थिति से उबरना है। तथ्य यह भी है कि इस स्थिति को कंपनी के कर्मचारी तथा अधिकारी ही अच्छी तरह सँभाल सकते थे, क्योंकि वे यह जानते थे कि समस्या कहाँ और क्या है तथा उसका समाधान क्या है।

रतन टाटा ने बड़ी सफलता से कर्मचारियों के इस आत्मसम्मान की भावना को कंपनी के पुनरुत्थान से जोड़ा और उसका सफल उपयोग किया। और तीसरे वित्त वर्ष में ही, अर्थात् सन् 2002-03 में कंपनी को 500 करोड़ रुपए लाभ (पूर्ववत् स्थिति) की स्थिति में पहुँचा दिया। यह उपलब्धि तत्कालीन परिस्थितियों में किसी चमत्कार से कम नहीं थी।

उन्होंने विषम परिस्थिति में कंपनी को एकीकरण की नई धार प्रदान की। उच्च स्तर पर एक कार्यदल का गठन किया गया। कुछ ही समय में चालीस एक्शन टीमें गठित की गईं, जिनमें 230 संचालन प्रबंधक आवंटित कार्य पर कार्य कर रहे थे। ये सभी टीमें टाटा मोटर्स तथा कंसल्टेंट स्रोतों से थीं। इन टीमों ने रात-दिन कार्य किया, संबंधित विभागों को डाटा उपलब्ध कराया तथा उसके बाद इसकी संचालन की दृष्टि से उपयुक्तता की जाँच की गई। जो कमियाँ थीं, उनका निर्धारण हुआ तथा उसके निमित्त कार्य की शुरुआत हुई।

रतन टाटा ने बड़ी सफलता से कर्मचारियों के इस आत्मसम्मान की भावना को कंपनी के पुनरुत्थान से जोड़ा और उसका सफल उपयोग किया। और तीसरे वित्त वर्ष में ही, अर्थात् सन् 2002-03 में कंपनी को 500 करोड़ रुपए लाभ (पूर्ववत् स्थिति) की स्थिति में पहुँचा दिया। यह उपलब्धि तत्कालीन परिस्थितियों में किसी चमत्कार से कम नहीं थी।

वरिष्ठ प्रबंधक टीम, चेयरमैन से लेकर वरिष्ठ अधिकारियों तक कई युवा कर्मचारियों तथा उच्च स्तर के निष्पादकों से मिली तथा उनकी राय जानी, समस्याओं के बारे में उनसे सुझाव लिये तथा तदनुरूप ही उचित कदम उठाए गए।

दूसरा कार्य था—स्पेशल ट्रेनिंग प्रोग्राम तथा प्रेरणास्पद कदमों का उपयोग। इस हेतु सभी जगहों, सभी ग्रेड के कर्मचारियों तथा सभी स्तर के प्रबंधन कर्मियों के मिश्रित ग्रुपों को कार्यशालाओं में प्रशिक्षण एवं उत्प्रेरण हेतु भेजा गया। उच्च नेतृत्व का पूरा ध्यान था—हर तरह की कमी से रहित परिणामोन्मुख कार्य संस्कृति का सृजन। यही वह कार्य संस्कृति थी, जिसने असंभव लक्ष्य को संभव बना दिया।

टाटा इंडिका सन् 1993 से ही रतन टाटा का सपना रहा, जो 1999 में सच हुआ। इस सपने की पूर्ति हेतु टेल्को के अधिकारियों ने दुनिया भर का दौरा किया।

दरअसल वे एक ऐसी कार चाहते थे, जो भारतीय परिस्थिति में उपयुक्त हो। इसमें एंबेसडर के समान जगह, जेन की तरह की बाहरी रूपरेखा, इटली की स्टाइल तथा इंजिन की बनावट फ्रांसीसी तरीके की हो। इस परियोजना से रतन टाटा का मानसिक जुड़ाव था। इसलिए जब उन्होंने चुनौती स्वीकार की तो उसकी सफलता के लिए भी उसी अनुपात में मेहनत की। जहाँ से जो विशेषज्ञता मालूम हो सकती थी, प्राप्त की, जब ऐसा करना जरूरी हो गया। लेकिन इसे विकसित किया अपने बलबूते पर। अतः यह सचमुच में एक राष्ट्रीय उपलब्धि थी।

परिणामतः सन् 1999 में जब इंडिका शो-रूम से बाहर आई तो कंपनी के पास 1,15,000 ऐसी बुकिंग थीं, जिनमें पूरी रकम अग्रिम भुगतान कर दी गई थी। इसी से इसकी प्रसिद्धि का अंदाजा लगाया जा सकता है। बाद में इसमें कई सुधार किए गए तथा कई अन्य मॉडल जैसे इंडिका वी2, इंडिगो, इंडिका सेडान आदि विकसित किए गए।

टाटा केमिकल उदारीकरण से पहले के दौर में भारत की अपने क्षेत्र में एक अग्रणी कंपनी थी। सन् 1990 में इसने तीन नई शुरुआतें कीं। वे थीं—बबराला फर्टिलाइजर प्लांट, उत्तर प्रदेश, टाटा किसान केंद्रों की स्थापना एवं ब्रांडेड खाद्य नमक का उत्पादन। इनमें से बबराला प्लांट को 1994 में शुरू किया गया। इसमें यूरिया का उत्पादन होना था। इसके साथ ही इसी कॉम्पलेक्स में एक अमोनिया प्लांट भी स्थापित किया गया था। बबराला कॉम्पलेक्स ने उत्पादन, तकनीक, ऊर्जा संरक्षण एवं संरक्षा के क्षेत्र में नए कीर्तिमान स्थापित किए।

इसी खंड में एक वर्ल्ड क्लास कार की दरकार इंग्लैंड के रोवर्स को थी। अतः उसने टेल्को के साथ इंडिका वी2 को इंग्लैंड तथा यूरोपीय महाद्वीप में बेचने का करार किया और पाँच वर्षों में कुल 1,00,000 कारें सिटी रोवर के नाम से बिक्री होनी थीं। इनका प्रथम बैच सन् 2003 में भेजा गया।

टाटा केमिकल उदारीकरण से पहले के दौर में भारत की अपने क्षेत्र में एक अग्रणी कंपनी थी। सन् 1990 में इसने तीन नई शुरुआतें कीं। वे थीं—बबराला फर्टिलाइजर प्लांट, उत्तर प्रदेश, टाटा किसान केंद्रों की स्थापना एवं ब्रांडेड खाद्य नमक का उत्पादन। इनमें से बबराला प्लांट को 1994 में शुरू किया गया। इसमें यूरिया का उत्पादन होना था। इसके साथ ही इसी कॉम्पलेक्स में एक अमोनिया प्लांट भी स्थापित किया गया था।

बबराला कॉम्पलेक्स ने उत्पादन, तकनीक, ऊर्जा संरक्षण एवं संरक्षा के क्षेत्र में नए कीर्तिमान स्थापित किए।

इसके बावजूद चीन से सोडा एश की भारी आवक तथा यूरिया की निश्चित निर्धारित दर में कमी किए जाने के कारण वर्ष 1999 में यहाँ एक विषम परिस्थिति पैदा हो गई। कंपनी के इतिहास में पहली बार इसे सन् 2000 में जून में समाप्त तिमाही के लिए हानि घोषित करनी पड़ी।

फलतः एक नई प्रबंधक समिति बनाई गई। प्रसाद मेनन के अधीन कार्य करते हुए इसे कंपनी की इस स्थिति के लिए जिम्मेदार कारकों पर पुनः ध्यान केंद्रित करते हुए कंपनी को नए सिरे से अर्जित करना था। इसने विभिन्न प्रकृति के कुछ महत्त्वपूर्ण कदम उठाए। इन कदमों का वांछित असर हुआ और सन् 2001-02 में लाभ की धनराशि 200 करोड़ तक पहुँच गई।

यह रतन टाटा की दूरदर्शिता ही थी, जिससे एक आसन्न खतरे से निपटने के लिए सारे जरूरी कदम समय रहते उठा लिये गए और टाटा केमिकल्स न केवल अपनी पटरी पर वापस आई बल्कि सरपट भागने भी लगी।

> ***एक अन्य घटना टाटा स्टील, जमशेदपुर की है, जहाँ एक पेचीदा समस्या का हल रतन टाटा ने चुटकियों में निकाला। उदारीकरण के दौर में प्रतिस्पर्द्धा में बने रहने के लिए टाटा स्टील को नवीनीकरण की सख्त आवश्यकता थी और इस नवीनीकरण के कारण लगभग 35,000 कर्मचारियों की छँटनी करना आवश्यक था। उस समय टाटा स्टील में फैक्टरी एवं खनन खदानों दोनों को मिलाकर 78,000 कर्मचारी थे।***

एक अन्य घटना टाटा स्टील, जमशेदपुर की है, जहाँ एक पेचीदा समस्या का हल रतन टाटा ने चुटकियों में निकाला। उदारीकरण के दौर में प्रतिस्पर्द्धा में बने रहने के लिए टाटा स्टील को नवीनीकरण की सख्त आवश्यकता थी और इस नवीनीकरण के कारण लगभग 35,000 कर्मचारियों की छँटनी करना आवश्यक था। उस समय टाटा स्टील में फैक्टरी एवं खनन खदानों दोनों को मिलाकर 78,000 कर्मचारी थे। इतने बड़े पैमाने पर छँटनी करने पर इसके तात्कालिक दुष्परिणाम से सभी अवगत थे, लेकिन छँटनी किया जाना भी उतना ही आवश्यक था। रतन टाटा के नेतृत्व में हानि-लाभ का आकलन करने के बाद यह निष्कर्ष सामने आया कि यदि कर्मचारियों की छँटनी हेतु कुछ आकर्षक शर्तें सामने रखी जाएँ तो यह समस्या आसानी से हल हो

सकती है। इन शर्तों से पड़नेवाले विपरीत प्रभावों को आधुनिकीकरण के कुछ ही वर्षों में समाप्त कर लिया जाएगा और अंततः यह एक लाभ का ही सौदा होगा। स्वैच्छिक अवकाश की शर्तें इतनी आकर्षक थीं कि बड़े पैमाने पर कर्मचारियों ने स्वैच्छिक अवकाश के लिए आवेदन किया और शीघ्र ही अतिरिक्त कर्मचारियों से कंपनी को निजात मिल गई। यह सब बड़ी आसानी एवं औद्योगिक सौहार्दता बनाए रखकर हासिल किया गया। यही कारण है कि आगामी वर्षों में टाटा स्टील न केवल प्रतिस्पर्द्धा में बना रहा बल्कि मीलों आगे निकल गया। यही नहीं, भारी-भरकम प्रतिस्पर्द्धी स्टील कंपनियों का अधिग्रहण करने में भी सक्षम रहा।

उनके फौलादी इरादों का दर्शन सिंगूर भूमि अधिग्रहण विवाद मामले से भी होता है, जहाँ उन्होंने कुछ लोगों की जिद के सामने झुकने के बजाय वहाँ से हट जाने को तवज्जो दी।

□

टाटा के स्वामित्व की कुछ प्रसिद्ध कंपनियाँ एवं ब्रांड

टाटा ग्रुप बाजार-व्यवस्था एवं राजस्व के संदर्भ में भारत का सबसे बड़ा व्यावसायिक ग्रुप है। बहुराष्ट्रीय कंपनी के रूप में स्थापित इस ग्रुप का मुख्यालय मुंबई में है। इसे सारी दुनिया में एक सम्मानित ग्रुप के रूप में मान्यता मिली हुई है। इसके व्यवसाय के मुख्य क्षेत्र हैं—स्टील, ऑटोमोबाइल्स, सूचना प्रौद्योगिकी, संचार, ऊर्जा, चाय एवं होटल्स आदि। 6 महाद्वीपों के 85 देशों में इसका कारोबार फैला हुआ है। दुनिया के 80 देशों में इसके उत्पाद एवं सेवाओं का निर्यात होता है।

7 व्यवसाय क्षेत्रों में कार्यरत यह ग्रुप 98 कंपनियों से संघटित है। इनमें से 27 कंपनियाँ सार्वजनिक कंपनियों के रूप में सूचीबद्ध हैं। टाटा ग्रुप के 65.8 प्रतिशत का स्वामित्व इसके चेरिटेबल ट्रस्टों के पास है। ग्रुप में सबसे बड़ी हिस्सेदारी टाटा स्टील, कोरस स्टील, टाटा मोटर्स, टाटा कम्युनिकेशंस, टाटा कंसल्टेंसी सर्विसेज, टाटा पावर, टाटा टी, टाइटन इंडस्ट्रीज, टाटा टेलीसर्विसेज एवं ताज होटल्स आदि की है।

टाटा स्टील्स

टाटा की परिकल्पना पर स्थापित टाटा स्टील न केवल भारत बल्कि एशिया का सर्वप्रथम स्टील प्लांट है। एंग्लो-डच स्टील कंपनी कोरस का अधिग्रहण कर टाटा स्टील ने एक नया इतिहास रचा है। विदेश में यह किसी भारतीय कंपनी का सबसे बड़ा अधिग्रहण है और यह टाटा स्टील की प्रतिष्ठा के अनुरूप ही है।

जमशेदजी ने स्टील प्लांट की स्थापना हेतु काफी संघर्ष किया, लेकिन प्लांट

की स्थापना के लिए जगह की तलाश किए जाने से तीन वर्ष पूर्व ही उनकी मृत्यु हो गई। मृत्यु से पूर्व उन्होंने यह सुनिश्चित कर लिया था कि उनका सपना साकार हो। उनका यह सपना साकार करनेवाली टीम के सदस्य थे—उनके पुत्र दोराबजी टाटा, विशेषज्ञ सर्वेयर सी.एम. वेल्ड ऐंड शापुरजी सकलातवाला एवं चार्ल्स पेज पेरिन, सलाहकार इंजीनियर, जिन्हें जमशेदजी ने स्वयं न्यूयॉर्क जाकर आमंत्रित किया था।

पेरिन ने कंपनी के प्लांट की विस्तृत परियोजना रिपोर्ट तैयार की। रिपोर्ट सौंपने के बाद भी चार्ल्स पेरिन तब तक भारत में रुके रहे जब तक कि साकची में प्लांट की स्थापना का निर्णय नहीं हो गया। साकची का नाम ही बाद में जमशेदपुर कर दिया गया। और यह नाम-रूपांतरण भारत के तत्कालीन वायसराय लॉर्ड चेम्सफोर्ड द्वारा किया गया। कालीमाटी स्टेशन का नाम 'टाटा नगर' भी तभी पड़ा।

उन दिनों स्वदेशी की भावना उफान पर थी। टाटा आयरन ऐंड स्टील कंपनी ने इस भावना को आधार बनाकर भारतीय पूँजी बाजार का रुख किया तथा 26 अगस्त, 1907 को शेयर बिक्री हेतु जारी कर दिए।

मात्र तीन सप्ताह में ही 8,000 भारतीय निवेशकों से निवेश पत्र प्राप्त हुए। कार्यकारी पूँजी की उपलब्धता हेतु जारी 40,000 पौंड के संपूर्ण डिबेंचर ग्वालियर के महाराजा ने खरीद लिये। सामान्य, प्राथमिक एवं स्थगित शेयरों को जारी करके 2.32 करोड़ रुपए जुटाए गए, जिसके द्वारा 72,000 टन वार्षिक उत्पादन क्षमता का स्टील प्लांट स्थापित किया जाना था। सन् 1908 में प्लांट स्थापना का कार्य शुरू

हुआ और फरवरी 1912 में प्रथम पिंड का उत्पादन हुआ। इस कंपनी में टाटा की हिस्सेदारी 11 प्रतिशत थी।

एक से अधिक बार इस पर सरकार द्वारा इसके अधिग्रहण का खतरा मँडराया। इस संभावना को रोकने के लिए सन् 1924 में केंद्रीय लेजिस्लेटिव एसेंबली में एक बिल लाया गया था। दूसरी बार सन् 1977 में जनता पार्टी के शासनकाल (1977-79) में तत्कालीन उद्योग मंत्री ने इस विचार को हवा दी, लेकिन बात आगे नहीं बढ़ी।

टाटा स्टील की स्थापना करके कुछ कर गुजरने का सपना जमशेदजी ने देखा था। टाटा स्टील का सपना पूरा किया दोराबजी तथा आर.डी. टाटा ने। लेकिन जे.आर.डी. टाटा वे व्यक्ति थे, जिन्होंने टाटा की परिसंपत्तियों को 62 करोड़ से बढ़ाकर सन् 1990 में 10,000 करोड़ तक पहुँचा दिया। जे.आर.डी. में आदमी परखने व नेतृत्व विकसित करने की नैसर्गिक प्रतिभा थी। उन्होंने रूसी मोदी जैसे एक उत्कृष्ट मैनेजर को आगे बढ़ाया और बाद में महत्त्वपूर्ण पद पर प्रतिष्ठित किया। मोदी ने विपणन संचालन के कार्य में सुधार किया और निर्यात प्रकोष्ठ का गठन किया। उन्होंने 'जी ब्लास्ट फर्नेश' की स्थापना की, जो सन् 2004 के राष्ट्रीय रिकॉर्ड के अनुसार टाटा स्टील का सबसे बड़ा 'ब्लास्ट फर्नेस' था।

टाटा स्टील की स्थापना करके कुछ कर गुजरने का सपना जमशेदजी ने देखा था। टाटा स्टील का सपना पूरा किया दोराबजी तथा आर.डी. टाटा ने। लेकिन जे.आर.डी. टाटा वे व्यक्ति थे, जिन्होंने टाटा की परिसंपत्तियों को 62 करोड़ से बढ़ाकर सन् 1990 में 10,000 करोड़ तक पहुँचा दिया। जे.आर.डी. में आदमी परखने व नेतृत्व विकसित करने की नैसर्गिक प्रतिभा थी।

जे.आर.डी. टाटा के उत्तराधिकारी रतन टाटा ने रूसी मोदी से स्टील कंपनी के चेयरमैनशिप का कार्यभार सन् 1992 में सँभाला। उदारीकृत भारतीय अर्थव्यवस्था के कारण कंपनी की प्रतिस्पर्द्धा मुख्यत: कीमतों को लेकर थी। अत: उस समय टाटा स्टील की अवस्था अच्छी न थी। 1990 के उत्तरार्ध में मैकिंजी रिपोर्ट में टाटा स्टील को स्टील व्यवसाय से किनारा कर लेने की सलाह दी गई। लेकिन इसके विपरीत जो हुआ, वह सबकी आँखें खोल देनेवाला सिद्ध हुआ। कंपनी में युगांतरकारी परिवर्तन किए गए। उन्नत एवं आकर्षक योजनाओं द्वारा कंपनी ने कर्मचारियों की अधिकता से छुटकारा पाया और कर्मचारियों की संख्या 78,000 से घटकर 43,000

रह गई। यह लक्ष्य औद्योगिक सद्भाव को हानि पहुँचाए बगैर हासिल कर लिया गया। कंपनी ने कई कम महत्त्व के इतर व्यवसायों से अपने आपको अलग कर लिया। मुख्य जोर स्टील की गुणवत्ता बनाए रखने के साथ खर्चों में कमी, उन्नत तकनीक से कीमतों को प्रतिस्पर्द्धी स्तर तक लाना था। इसी दरम्यान एक कोल्ड रोलिंग मिल की स्थापना हुई। सन् 2001 में बी. मुथुरामन ने जे.जे. ईरानी की जगह कंपनी के प्रबंध निदेशक का पदभार सँभाला। सन् 2001-02 में स्टील की कीमतों में भारी उतार के बावजूद टाटा स्टील दुनिया की उन पाँच स्टील कंपनियों में थी, जिसने लाभ अर्जित किया। बाद के वर्षों में ब्रांडेड उत्पादों एवं रिटेल के जरिए उल्लेखनीय सफलता दर्ज की गई।

पिछले कुछ वर्षों के दौरान कंपनी ने कई अधिग्रहण किए। इनमें कोरस स्टील का अधिग्रहण एक ऐतिहासिक घटना है।

जो कंपनी पहले स्टील उत्पादन में 56वें पायदान पर थी, वह अपने 100वें वर्ष में दुनिया की छठी सबसे बड़ी स्टील उत्पादक कंपनी बन गई है, आनेवाले वर्षों में भी यह काफी तरक्की करेगी।

□

टाटा केमिकल्स

टाटा केमिकल्स की स्थापना सन् 1939 में हुई। विदेशी निर्माता से आयातित टर्बो जेनरेटरों की इसकी पहली खेप उन दिनों जारी द्वितीय विश्व युद्ध की भेंट चढ़ गई और समुद्र में डूब गई। इसके बाद इसकी अगली खेप किसी तरह बंबई पहुँची। लेकिन कंपनी के शुरुआती वर्ष अच्छे नहीं रहे। स्थापना-कार्य से

लेकर उत्पादन-कार्य तक कंपनी को तमाम कठिनाइयों का सामना करना पड़ा। इसका सबसे लाभदायक व्यवसाय सोडा ऐश का उत्पादन होता, लेकिन तब इसके उत्पादन की तकनीक उस समय दुनिया की सिर्फ 6 कंपनियों के पास थी। लेकिन टाटा केमिकल्स ने स्वयं इसका फॉर्मूला तैयार कर लिया। दूसरा कार्य था—कम-से-कम 400 टन दैनिक का उत्पादन। एक केमिकल इंजीनियर दरबारी सेठ ने जे.आर.डी. के सामने केमिकल संयंत्र की पूरी रूपरेखा रखी। जे.आर.डी. ने उससे सहमति जताते हुए इंजीनियरिंग, फेब्रीकेशन एवं नई मशीनों के मीठापुर में संस्थापन की जिम्मेदारी उसे सौंप दी।

दरबारी सेठ तथा उसकी टीम ने रात-दिन कार्य करके संस्थापन का कार्य पूरा किया तथा साथ-ही-साथ उन सबका एक साथ कार्य करना भी सुनिश्चित किया। संयंत्र तैयार होते ही 400 टन प्रतिदिन उत्पादन का लक्ष्य देकर उसके संचालन का जिम्मा भी उसी टीम को सौंप दिया गया। पहले पखवाड़े में ही संयंत्र से उत्पादन 545 टन प्रतिदिन तक जा पहुँचा।

आज टाटा केमिकल्स लि. दुनिया में दूसरा सबसे बड़ा सोडा ऐश उत्पादक है। इसकी उत्पादन इकाइयाँ भारत के अलावा ब्रिटेन, केन्या तथा अमेरिका आदि देशों में हैं।

कंपनी इसके अलावा सोडियम बाइकार्बोनेट, सल्फ्यूरिक एसिड, सोडियम ट्रिपोली फास्फेट का भी बड़े पैमाने पर उत्पादन करती है। इसके अलावा टाटा केमिकल्स लि. (टी.सी.एल.) भारत में यूरिया एवं फॉस्फेट खादों का सबसे बड़ा उत्पादक है। यही नहीं, भारत में आयोडीन-युक्त ब्रांडेड नमक का भी सबसे बड़ा उत्पादनकर्ता है।

कंपनी इसके अलावा सोडियम बाइकार्बोनेट, सल्फ्यूरिक एसिड, सोडियम ट्रिपोली फास्फेट का भी बड़े पैमाने पर उत्पादन करती है। इसके अलावा टाटा केमिकल्स लि. (टी.सी.एल.) भारत में यूरिया एवं फॉस्फेट खादों का सबसे बड़ा उत्पादक है।

सन् 2003 में टाटा केमिकल्स ने हिंदुस्तान लीवर केमिकल्स का नियंत्रण प्राप्त कर लिया, जो कि फॉस्फेट वर्ग में पश्चिम बंगाल, बिहार एवं झारखंड में सबसे आगे है। हिंदुस्तान लीवर केमिकल्स का कारखाना हल्दिया में तथा टाटा केमिकल्स के कारखाने मीठापुर (गुजरात) एवं बबराला (उ. प्र.) में हैं। बबराला में इसका नाइट्रोजन खाद उत्पादन हेतु एक संयंत्र भी प्रगति पर है। अपने विशाल तथा विविध क्षेत्रों में डीलर नेटवर्क की वजह से इन वर्षों के दौरान टाटा केमिकल्स ने कई ब्रांडेड उत्पादन शुरू किए और किसान प्रशिक्षण प्रोग्राम द्वारा उनकी अच्छी पैठ बनाई है।

टाटा किसान केंद्रों ने इस दिशा में क्रांतिकारी कार्य किया है। टाटा केमिकल्स अपने इन उत्पादों का 10-15 प्रतिशत निर्यात भी करती है।

□

टाटा मोटर्स

टाटा मोटर्स भारत की सबसे बड़ी ऑटोमोबाइल कंपनी है। सन् 2007–08 में अनुमानों के अनुसार इसका राजस्व 35,651 करोड़ रुपए था। वाणिज्यिक वाहनों के प्रत्येक वर्ग में उत्पादन में यह भारत में सर्वोच्च स्थान पर है। जहाँ तक यात्री वाहनों का संबंध है, सर्वोच्च तीन उत्पादनकर्ताओं में इसकी गिनती होती है। ट्रक उत्पादन में कंपनी का स्थान दुनिया में चौथा तथा बस उत्पादन में दूसरा है। इस तरह ऑटोमोबाइल के क्षेत्र में यह विश्व भर में एक जाना-पहचाना नाम है।

टेल्को (वर्तमान में टाटा मोटर्स) की स्थापना सन् 1945 में हुई थी और इससे वाहनों का उत्पादन 1954 में आरंभ हुआ। आज 40 लाख से अधिक टाटा वाहन भारत की सड़कों पर दौड़ रहे हैं और देश के प्रत्येक कोने में इनका प्रवेश हो चुका है। टाटा मोटर्स की उत्पादन इकाइयाँ जमशेदपुर, पुणे, लखनऊ एवं पंतनगर (उत्तराखंड) में स्थापित हैं।

सन् 1998 में रतन टाटा ने पहली भारतीय कार के नाम से प्रसिद्ध इंडिका को कई वर्षों की मेहनत तथा रिसर्च के बाद बाजार में उतारा। उसके ब्रांड इंडिगो तथा एक के बाद एक कई अन्य नाम से कारों का उत्पादन शुरू हो गया तथा कई देशों को इनका निर्यात भी होने लगा। सन् 2004 में टाटा मोटर्स ने दक्षिण कोरिया की डेबू कमर्शियल वेहिकल कंपनी का अधिग्रहण किया। यह दक्षिण कोरिया की दूसरी सबसे बड़ी ट्रक निर्माता कंपनी थी। इस तरह से पुनर्संघटित टाटा डेबू कमर्शियल वेहिकल कंपनी ने कोरिया के बाजार में कई नए वाहन उतारे तथा अन्य देशों में इनका निर्यात भी शुरू किया। सन् 2006 में टाटा मोटर्स ने एक मिनी ट्रक बाजार में उतारा। वह काफी सफल रहा। इसकी बाजार में काफी माँग है। फलतः इसका उत्पादन आज 2,50,000 वार्षिक से भी ऊपर पहुँच गया है।

सन् 2005 में फिएट के साथ संयुक्त उपक्रम के तहत इसने महाराष्ट्र में एक नई इकाई की स्थापना की है, जिसमें फिएट कारों के साथ-साथ फिएट पावरट्रेंस तथा टाटा कारों का उत्पादन होना है।

कर्नाटक के धारवाड़ एवं गुजरात के साणंद में कंपनी नई इकाइयाँ लगा रही है। डीलरशिप, सेल्स एवं सर्विस व स्पेयर पार्ट्स हेतु कंपनी के पास लगभग 3,500 केंद्रों का नेटवर्क है। फिएट ब्रांड की कारों की यह देश में वितरक भी है।

सहायक कंपनियों एवं सब्सीडियरी (अनुषंगी) के माध्यम से यह इंग्लैंड, थाइलैंड, दक्षिण कोरिया एवं स्पेन में भी व्यवसाय का संचालन कर रही है। इनमें

से सन् 2008 में दो प्रसिद्ध ब्रिटिश ब्रांडों जगुआर ऐंड लैंडरोवर का अधिग्रहण एवं संचालन भी शामिल है।

इससे पूर्व सन् 2006 में टाटा मोटर्स ने ब्राजील की मार्कोपोलो, जो कि बसों एवं कोचों के ढाँचों के निर्माण में विश्व-प्रसिद्ध है, के साथ संयुक्त उपक्रम बनाया, जो कि भारतीय बाजार एवं अन्य देशों में निर्यात हेतु पूर्ण निर्मित बसों एवं कोचों का उत्पादन करेगा। इसी वर्ष कंपनी थाइलैंड की थॉनबूरी ऑटोमोटिव एसेंबली प्लांट कंपनी के साथ संयुक्त उपक्रम के रूप में संबद्ध हुई, ताकि कंपनी वैन की थाइलैंड में आपूर्ति हेतु उत्पादन एवं विपणन कर सके। सन् 2008 में थाइलैंड में टाटा संयंत्र में 'जेनोन पिकप ट्रक' के नाम से ट्रकों का उत्पादन शुरू हो चुका है।

अंतरराष्ट्रीय बाजार में भी कंपनी ने अपनी अच्छी धाक जमा ली है। कंपनी के वाणिज्यिक एवं यात्री वाहनों का यूरोप, मध्य-पूर्व, दक्षिण-पूर्व एशिया, दक्षिण एशिया, अफ्रीका एवं दक्षिण अमेरिका के कई देशों में विपणन हो रहा है। बँगलादेश, उक्रेन, केन्या, सेनेगल एवं रूस में इसके संयुक्त उपक्रम या फ्रेंचाइजी कार्यरत हैं।

पिछले पचास वर्षों में कंपनी के विकास का सबसे महत्त्वपूर्ण कारक है— ग्राहक की आवश्यकता एवं उसकी संतुष्टि। इस हेतु रिसर्च एवं डेवलपमेंट (अनुसंधान एवं विकास) की सुस्पष्ट परिपाटी रही है। वर्ष 1966 में स्थापित कंपनी के इंजीनियरिंग रिसर्च सेंटर के 2,500 विज्ञानियों एवं इंजीनियरों ने कंपनी के उपयोग हेतु अद्यतन तकनीकों एवं उत्पादों के रूप में विशिष्ट सहयोग किया है। भारत में पुणे, जमशेदपुर, लखनऊ के अलावा विदेशों, जैसे दक्षिण कोरिया, स्पेन तथा इंग्लैंड में कंपनी के रिसर्च एवं डेवलपमेंट (आर.ऐंड डी.) केंद्र कार्यरत हैं।

टाटा मोटर्स ने ही भारत में सर्वप्रथम हलका वाणिज्यिक वाहन तथा सन् 1998 में स्वदेशी यात्री कार इंडिका का निर्माण किया। अपने दो वर्षों के सफर में ही इसने भारतीय बाजार में अपने वर्ग में महत्त्वपूर्ण पैठ बना ली।

जनवरी 2008 में टाटा मोटर्स ने एक किफायती दाम की (सस्ती) कार नैनो का प्रदर्शन किया। यह रतन टाटा के अपने उस वादे के मुताबिक था, जिसमें उन्होंने देशवासियों को कम कीमत की एक उत्कृष्ट कार देने का वादा किया था। इसे 'पीपल्स कार' (जनता की कार) नाम दिया गया। विश्व ऑटोमोबाइल उद्योग के लिए यह एक स्तुत्य प्रयास था। नैनो एक ऐसी कार है, जो लाखों परिवारों का उनकी क्रय क्षमता के अंदर एक आरामदेह एवं सुरक्षित सफर का उनका सपना पूरा करती है। भारत में यह स्टैंडर्ड एवं डीलक्स दोनों वर्गों में उपलब्ध है। स्टैंडर्ड वर्ग में इसकी कीमत रुपए 1 लाख (वैट एवं यातायात खर्च छोड़कर) रखी गई है। इसीलिए इसे लोगों ने 'लखटकिया कार' नाम भी दे दिया है।

एक सामान्य परिवार की जरूरत का आकलन करके इस कार का निर्माण किया गया है। तदनुसार ही इसमें एक अपेक्षाकृत अधिक स्थानवाला यात्री कंपार्टमेंट है, जिसमें बैठकर आसानी से पाँव फैलाए जा सकते हैं। इसमें चार सवारियाँ आराम से बैठ सकती हैं। भारत में आवश्यक नियामक संरक्षा मानकों से इसका स्तर उत्कृष्ट है। प्रदूषण मानकों की दृष्टि से भी यह भारत में बनाए जा रहे तमाम दुपहिया वाहनों के मुकाबले बहुत कम प्रदूषण उत्सर्जित करेगी। इसका वजन हलका रखने से प्रति

यूनिट खपत हुई ऊर्जा से अधिकतम निष्पादन को सहायता मिली है। ऊर्जा खपत में उच्च्च प्रकार की कार्य-कुशलता के होने से कार्बन डाइ-ऑक्साइड का उत्सर्जन भी काफी कम होता है। कुल मिलाकर यह कार एक छोटे परिवार के लिए काफी उपयोगी सिद्ध होगी।

आगामी वर्षों में टाटा मोटर्स कई नए उन्नत वाहनों का निर्माण कर बाजार में एक ऑटोमोबाइल क्रांति का मार्ग प्रशस्त कर सकती है। ये सभी वाहन तकनीकी रूप से उन्नत तथा ग्राहकों की जरूरतों के अनुरूप निर्मित होंगे। इनमें पर्यावरण के अनुकूल तकनीकों एवं ऊर्जा का प्रयोग होगा। टाटा मोटर्स का रिसर्च एवं डेवलपमेंट विभाग इस हेतु समग्र रूप से प्रयासरत है।

टाटा मोटर्स अपनी अनुषंगी इकाइयों द्वारा इंजीनियरिंग एवं ऑटोमोटिव सोल्यूशन के क्षेत्र में भी कार्यरत है। इसके अलावा यह कंस्ट्रक्शन यंत्रों के विनिर्माण, वाहनों के पुरजों, मशीन टूल्स एवं फैक्टरी ऑटोमेशन सोल्यूशन तथा ऑटोमोटिव एवं कंप्यूटर एप्लीकेशंस के पार्ट्स के निर्माण एवं सेवा संचालन में भी कार्यरत है।

इसके अलावा टाटा मोटर्स अपनी सामाजिक प्रतिबद्धताओं के प्रति भी सजग है। यह यूनाइटेड नेशंस के ग्लोबल कॉम्पेक्ट का एक हस्ताक्षरी है तथा इसके सिद्धांतों के अनुरूप सामुदायिक एवं श्रमोन्मुख सामाजिक कार्यों में रत है।

इसी के अनुरूप यह अपनी उत्पादन इकाइयों के आस-पास की ग्रामीण आबादी के कल्याण हेतु कल्याणकारी कार्यों व सामुदायिक विकास में सामंजस्य बिठाकर कार्य कर रहा है।

□

टाटा चाय

टाटा टी संसार की दूसरे सबसे बड़ी चाय कंपनी है, जिसका ब्रांडेड चाय का व्यवसाय 60 से अधिक देशों में फैला हुआ है। टाटा टी ग्रुप में प्रमुख कंपनियाँ हैं—टाटा टी, टाटा द्वारा अधिगृहीत इंग्लैंड की टेटले चाय कंपनी (यह अधिग्रहण सन् 2004 में 40.7 करोड़ डॉलर की लागत पर संभव हो सका) तथा टाटा कॉफी।

सन् 1964 में इंग्लैंड की 'जेम्स ऐंड फिनले' के साथ संयुक्त उपक्रम के रूप में स्थापित टाटा टी ग्रुप आज ब्रांडेड चाय, कॉफी तथा अन्य बेवरीज का व्यवसाय कर रही है। इसके अपने चाय बागान भी हैं। टाटा ब्रांड जहाँ भारत में शीर्ष पर है वहीं टेटले ब्रांड दुनिया का दूसरा सबसे बड़ा 'टी बैग' ब्रांड है। इसके अलावा दक्षिण अफ्रीका की 'जोकेल्स टी पैकर्स' एवं पोलिस चाय ब्रांड 'बिटाक्स ऐंड फ्लोसाना' में भी इसकी भागीदारी है।

व्यापार क्षेत्र

ब्रांडेड टी—टाटा टी के देश में पाँच बड़े ब्रांड हैं जैसे टाटा टी, टेटले, चक्रगोल्ड, कानन डेवन एवं जेमिनी, जिनकी उपभोक्ता के सभी प्रमुख वर्गों तक पहुँच है। इसका वितरण संजाल लगभग 12 लाख रिटेलरों तक फैला हुआ है।

इंस्टेंट टी—टाटा टेटले की निर्यात इकाई कई प्रकार के इंस्टेंट टी पाउडर अमेरिका को निर्यात करती है।

स्पेशियल्टी टी—टाटा टी काली, हरी तथा हर्बल चाय आदि टेटले, जेमका एवं गुड अर्थ ब्रांड नामों से बेचती है।

टाटा टेटले टाटा टी की एक अनुषंगी इकाई है, जिसका इंस्टेंट टी पाउडर का व्यवसाय है और यह अमेरिका को निर्यात होता है।

टाटा टी इनकॉरपोरेशन, फ्लोरिडा स्थित टाटा टी की एक अनुषंगी इकाई निर्माताओं को इंस्टेंट टी पाउडर की थोक में आपूर्ति करती है।

इसके अलावा माउंट एवरेस्ट मिनरल वाटर कंपनी, जो हिमालयन ब्रांड मिनरल वाटर तैयार करती है, से भी टाटा टी जुड़ी है। श्रीलंका की 'वाटावाला प्लांटेशंस' में भी टाटा टी की हिस्सेदारी है।

कॉफी—टाटा कॉफी सालाना 9,000 टन कॉफी का उत्पादन करती है। टाटा का 'ऐट ओ क्लॉक' कॉफी ब्रांड अमेरिका का तीसरा सबसे बड़ा कॉफी ब्रांड है।

चाय बागान—टाटा टी कंपनी के पास भारत भर में लगभग 50 चाय बागान हैं एवं श्रीलंका के कतिपय बागानों में हिस्सेदारी भी है।

इनके अलावा कंपनी एनर्जी ड्रिंक्स, 'हिमालयन' ब्रांड मिनरल वाटर का व्यवसाय भी करती है। टाटा टी के संयुक्त सहयोगी एवं अनुषंगी उपक्रम निम्नवत् हैं—

टाटा कॉफी—पूर्व में कानसोलिडेटेड कॉफी नाम से प्रसिद्ध यह टाटा टी की अनुषंगी इकाई है। इसके अलावा अमेरिका का तीसरा सबसे बड़ा कॉफी ब्रांड 'ऐट ओ क्लॉक' का नियंत्रण भी टाटा टी के पास है।

टाटा टी—इंग्लैंड आधारित टेटले ग्रुप का कारोबार दुनिया भर में फैला है। इसे सन् 2000 में टाटा टी ने अधिगृहीत कर लिया था।

टाटा टेटले टाटा टी की एक अनुषंगी इकाई है, जिसका इंस्टेंट टी पाउडर का व्यवसाय है और यह अमेरिका को निर्यात होता है।

टाटा टी इनकॉरपोरेशन, फ्लोरिडा स्थित टाटा टी की एक अनुषंगी इकाई निर्माताओं को इंस्टेंट टी पाउडर की थोक में आपूर्ति करती है।

इसके अलावा माउंट एवरेस्ट मिनरल वाटर कंपनी, जो हिमालयन ब्रांड मिनरल वाटर तैयार करती है, से भी टाटा टी जुड़ी है। श्रीलंका की 'वाटावाला प्लांटेशंस' में भी टाटा टी की हिस्सेदारी है।

केरल में 18 बागानों के माध्यम से टाटा टी काली चाय का उत्पादन एवं विनिर्माण करती है। यहाँ यह 'कानन डेवन हिल्स प्लांटेशन कंपनी' द्वारा यह कार्य करती है।

हाल ही में टाटा टी ने चीन की 'झेजियांग टी एक्सपोर्ट ऐंड इंपोर्ट कंपनी' के साथ एक संयुक्त उपक्रम का समझौता किया है, जो पोलिफेनल्स एवं इंस्टेंट टी एक्सट्रेक्ट्स का निर्माण करेगी।

□

टाटा पावर

टाटा हाइड्रोइलेक्ट्रिक पावर सप्लाई कंपनी की स्थापना सन् 1911 में हुई थी। इसके बाद सन् 1916 में स्थापित आंध्र वैली पावर सप्लाई कंपनी का एकीकरण इसके साथ हुआ। आज टाटा पावर कंपनी लि. भारत की सबसे बड़ी प्राइवेट विद्युत् उत्पादक कंपनी है। इसकी विद्युत् उत्पादन क्षमता 2,300 मेगावाट है। कुछ नई इकाइयों की स्थापना पर विचार जारी है और अगले कुछ वर्षों में इसकी उत्पादन क्षमता में उल्लेखनीय वृद्धि होने की संभावना है। टाटा पावर न केवल जल विद्युत्, बल्कि सौर एवं वायु ऊर्जा उत्पादन के क्षेत्र में भी कार्यरत है। भारत में विद्युत् उत्पादन के क्षेत्र में व्यक्तिगत प्रयास के रूप में टाटा पावर द्वारा सन् 1915 में भिवपुरी एवं खोपोली संयंत्रों द्वारा उत्पादन सर्वप्रथम प्रयास था। कंपनी के थर्मल पावर संयंत्र मुंबई में ट्रांबे, कर्नाटक में बेलगाम तथा झारखंड के जोजोबेरा में कार्य कर रहे हैं। जल विद्युत् संयंत्र पश्चिमी घाट तथा वायु ऊर्जा संयंत्र अहमदनगर में कार्यरत हैं।

उत्कृष्ट ऊर्जा तकनीक की शुरुआत करने एवं उसके संचालन में कंपनी सबसे अग्रणी है। भारत की प्रथम 500 मेगावाट इकाई की स्थापना टाटा पावर ने ही ट्रांबे में की थी। कंपनी की लाइन एवं वितरण हानियाँ भारत

भर में सबसे कम 2.4 प्रतिशत हैं। पिछले 90 वर्षों से टाटा पावर ने बंबई में विद्युत् उपभोक्ताओं को उत्कृष्ट सेवा मुहैया कराई है। कंपनी की एक वितरण इकाई वर्तमान में दिल्ली में भी कार्य कर रही है। दिल्ली सरकार के साथ संयुक्त उपक्रम में स्थापित यह 'नॉर्थ दिल्ली पावर लि.' (एन.डी.पी.एल.) के नाम से जानी जाती है। यह उपक्रम काफी सफल रहा है। शुरुआत में दिल्ली सरकार और टाटा पावर के बीच यह समझौता 5 वर्ष का था, जिसकी सन् 2005 में समीक्षा होनी थी। सूत्रों के अनुसार बाद में इसे अगले 4 वर्ष तक के लिए बढ़ा दिया गया। इन 5 वर्षों में लाइन तथा वितरण हानियाँ इससे संबंधित क्षेत्र में 51 प्रतिशत से घटकर 28 प्रतिशत रह गई हैं।

टाटा पावर लि. ने मध्य-पूर्व, अफ्रीका तथा दक्षिण-पूर्व एशिया में कई परियोजनाएँ क्रियान्वित की हैं। इनमें दुबई, सऊदी अरब, कुवैत, संयुक्त अरब अमीरात, ईरान आदि में विभिन्न मेगावाट की परियोजनाओं की स्थापना शामिल हैं।

टाटा पावर ने पावर ग्रिड ऑफ इंडिया के साथ संयुक्त उपक्रम के रूप में 1,200 कि.मी. ताल पारेषण परियोजना में भागीदारी पर सहमति दी है। यह भारत की ऐसी सर्वप्रथम पारेषण परियोजना है, जो सरकारी एवं व्यक्तिगत भागीदारी पर आधारित है।

टाटा पावर ने मुंद्रा में 4,000 मेगावाट के विद्युत् संयंत्र की स्थापना का ठेका भी प्राप्त किया है।

□

टाटा कंसल्टेंसी सर्विसेज

सन् 1968 में एकाधिकार व्यापार प्रतिबंध (एम.आर.टी.पी.) के आसन्न संकट को देखते हुए टाटा संस ने विशेषज्ञता के आधार पर कंसल्टेंसी इकाइयों का गठन किया। ये इस प्रकार थीं—

1. टाटा कंसल्टेंसी सर्विसेज
2. टाटा कंसल्टिंग इंजीनियर्स
3. टाटा इकोनॉमिक कंसल्टेंसी सर्विसेज
4. टाटा फाइनेंशियल सर्विसेज।

कुछ शुरुआती डगमगाहट के बाद टाटा ने एक उत्कृष्ट इलेक्ट्रिकल इंजीनियर फकीर चंद को जिम्मेदारी सौंपी, जो न केवल स्वदेश में बल्कि अपने अनुसंधान पत्रों एवं उत्कृष्ट तकनीक की खोज के कारण विदेशों तक में प्रसिद्ध थे। सन् 1973-74 (दो वर्षों) के लिए वे 3 लाख इलेक्ट्रिक इंजीनियरों की सदस्यतावाले अमेरिकी इंस्टीट्यूट की 'गवर्निंग बॉडी' के 30 सदस्यों में एक चुने गए। उन्हें

अमेरिका के कई नामी संस्थानों का दौरा करने तथा वहाँ चल रहे अनुसंधान कार्यों को देखने का अवसर मिला, साथ ही अपने विभिन्न सहयोगियों के विचार जानने का भी।

उन्होंने आनेवाली सूचना क्रांति को भलीभाँति समझ लिया तथा कंप्यूटर के क्षेत्र में भारत के सुनहरे भविष्य को अच्छी तरह रेखांकित किया। उन्होंने टाटा कंसल्टेंसी सर्विसेज (टी.सी.एस.) को एक प्रथम स्तर के सॉफ्टवेयर इंजीनियरिंग एवं सर्विस-प्रदाता के रूप में रूपांतरित किया। यह टी.सी.एस. ही था, जिसने आयकर विभाग के लिए करदाताओं हेतु पैन (पी.ए.एन.) नंबर विकसित किया।

आज टी.सी.एस. के लगभग 50 देशों में 1,12,000 से अधिक आई. टी. कंसल्टेंट हैं। टाटा कंसल्टेंसी सर्विसेज मुख्यत: आई.टी. सर्विसेज, बिजनेस सोल्यूशन तथा आउटसोर्सिंग में व्यवसायरत है।

व्यापार क्षेत्र—टाटा कंसल्टेंसी सर्विसेज को कई उद्योगों एवं सेवा क्षेत्रों का अनुभव एवं उनमें विशेषज्ञता है। इनमें बैंकिंग, वित्तीय सेवाएँ, स्वास्थ्य सेवाएँ, इंश्योरेंस, यात्रा, यातायात एवं आतिथ्य सेवाएँ (होटल आदि), रिटेल, ऊर्जा, यूटिलिटी, संचार सेवाएँ आदि हैं। यह निम्न का संचालन करती है—

आई.टी. सेवाएँ—सिस्टम इंटीग्रेशन सोल्यूशन, एप्लीकेशन डेवलपमेंट, टेस्टिंग सोल्यूशंस एवं प्रबंधन सेवाएँ।

आउटसोर्सिंग—ऐसी सेवाएँ तथा कार्यक्रम देना, जो कार्यों में कुशलता, बिजनेस सोल्यूशन एवं सेवाओं के प्रबंधन कार्य में मददगार हो।

बिजनेस सोल्यूशन—ऐसी रणनीति तथा हल (सोल्यूशन) उपलब्ध कराना जो ग्राहकों को उनके व्यवसाय-प्रबंधन में आई चुनौती से निपटने में सहायक हो।

सलाहकार सेवाएँ—व्यवसाय के लक्ष्य तय करना, रणनीति का खाका तैयार करना, सुझावों का कार्यान्वयन तथा उनकी प्रभावकारिता का आकलन।

इंजीनियरिंग एवं औद्योगिक सेवाएँ—विनिर्माण क्षेत्रों जैसे ऑटोमोटिव, एयरोस्पेस, इंडस्ट्रियल मशीनरी, यूटिलिटी एवं फार्मास्यूटिकल आदि में कंपनियों को सोल्यूशन पेश करना, ताकि वे इंजीनियरिंग उत्कृष्टता तथा प्रभावी संचालन प्राप्त कर सकें।

आई. टी. इन्फ्रास्ट्रक्चर सर्विसेज—आई.टी. सर्विसेज, डाटा सेंटर का प्रबंध, ऐंड यूजर कंप्यूटिंग सर्विसेज, एप्लीकेशन मैनेजमेंट सर्विसेज, कमांड सेंटर सर्विसेज एवं प्रबंध सिक्योरिटी सर्विसेज मुहैया कराना।

इनके अलावा भी टी.सी.एस. अन्य क्षेत्रों जैसे बिजनेस प्रोसेस आउटसोर्सिंग, इंटरप्राइज सोल्यूशंस, फुल सर्विसेज आदि सेवा क्षेत्रों में भी कार्यरत है।

टी.सी.एस. इनोवेशन के क्षेत्र में भी पूरे जोर-शोर से जुटी हुई है। इसके पास उन्नत तकनीक प्राप्त करने हेतु उत्कृष्ट प्रयोगशालाएँ हैं, जो नई तकनीक क्षेत्र में अनुसंधान, स्तरीय नए उत्पाद प्राप्त करने हेतु कार्यरत हैं। इसमें नई पीढ़ी के सॉफ्टवेयर प्रक्रियाओं, मानव-कंप्यूटर इंटरफेस, नैनो टेक्नोलॉजी, ग्रिड कंप्यूटिंग आदि शामिल हैं।

टी.सी.एस. के संयुक्त, सहायक एवं अनुषंगी उपक्रम इस प्रकार हैं—

प्रत्यक्ष अनुषंगी

- ए.पी. ऑनलाइन
- सी-एज टेक्नोलॉजीज
- सी.एम.सी.
- डिलिजेंटा
- एक्सजेनिक्स कनाडा इंकार्पो.
- टाटा अमेरिका इंटरनेशनल कॉर्पोरेशन

- टी.सी.एस. एशिया पैसिफिक
- टी.सी.एस. बेल्जियम एस.ए.
- टी.सी.एस. ड्यूशलैंड जी.एम.बी.एच.
- टी.सी.एस. फ्रांस एस.ए.
- टी.सी.एस. नीदरलैंड्स बी.वी.
- टी.सी.एस. श्वेरिज ए.बी.
- टी.सी.एस. स्विट्जरलैंड
- टाटा इन्फोटेक, सिंगापुर
- टाटा इन्फोटेक ड्यूशलैंड जी.एम.बी.एच.
- टी.सी.एस.एफ.एन.एस.
- टी.सी.एस. इबरो अमेरिका एस.ए.
- डब्ल्यू. टी.आई. एडवांस्ड टेक्नोलॉजी

अप्रत्यक्ष अनुषंगी

- सी.एम.सी. अमेरिका इंकार्पो.
- स्वीडिश इंडियन आई.टी. रिसॉर्सेज ए.बी.
- टाटा इन्फॉर्मेशन टेक्नोलॉजी
- टाटा कंसल्टेंसी सर्विसेज सोल्यूशन सेंटर एस.
- टी.सी.एस. अर्जेंटीना एस.ए.
- टी.सी.एस. ब्राजील एस/सी
- टी.सी.एस. डि मेक्सिको एस.ए.डी.सी.वी.
- टी.सी.एस. इनवर्संस, चिली
- टी.सी.एस.डी. इस्पाना
- टी.सी.एस.डी. ब्रासिल
- टी.सी.एस. चिली एस.ए.
- टी.सी.एस. इटालिया एस.आर.एल.
- टाटा कंसल्टेंसी सर्विसेज, जापान
- टी.सी.एस. मलेशिया एस.डी.एन.बी.एच.डी.
- टी.सी.एस. लक्जमबर्ग एस.ए. कैपेलेन
- टी.सी.एस. पुर्तगाल, यूनिपेसोल
- टी.सी.एस. चिली

- कॉमीक्रोम एस.ए.
- सिस्टेको एस.ए.
- सिस्क्रोम एस.ए.
- पेंटाक्रोम एस.ए.
- पेंटाक्रोम सर्विसिओस एस.ए.
- कस्टोडिया डी डॉक्यूमेंटोस इंट्रेस
- फाइनेंशियल नेटवर्क सर्विसेज—यूरोप, मलेशिया, अफ्रीका, चिली तथा अन्य कई देशों में विभिन्न केंद्रों से।
- चांगवान इन्वेस्टमेंट्स आदि।

टी.सी.एस. का मुख्यालय मुंबई में है तथा दुनिया के लगभग 50 देशों में इसका व्यवसाय फैला हुआ है। तिरुवनंतपुरम में इसका एक प्रशिक्षण संस्थान तथा पुणे में डाटा रिसर्च डेवलपमेंट ऐंड डिजाइन सेंटर के नाम से एक अन्य संस्थान कार्यरत है।

आर्थिक क्षेत्र में जारी मंदी के दौर तथा कमजोर वैश्विक औद्योगिक स्थिति के बावजूद सन् 2009-10 के प्रथम तिमाही हेतु जारी आँकड़ों के अनुसार कंपनी के शुद्ध मुनाफे में 19 प्रतिशत की बढ़ोतरी दर्ज की गई। पिछले वर्ष इसी अवधि की तुलना में कंपनी के राजस्व में 12 प्रतिशत का उछाल आया और यह 7,207 करोड़ रुपए हो गया।

□

टाटा टेलीसर्विसेज

टेली सर्विसेज के प्रत्येक क्षेत्र में टाटा की सेवाएँ जारी हैं, चाहे वे बेसिक टेलीफोन, सेलुलर टेलीफोन या इंटरनेट या राष्ट्रीय एवं अंतरराष्ट्रीय स्तर की लंबी दूरी की बातचीत हो। अंतरराष्ट्रीय काल यह विदेश संचार निगम लि. के द्वारा कार्यान्वित करता है, जिसका इसने अधिग्रहण किया है।

TATA
indicom

उच्च तकनीक एवं सेवाओं के क्षेत्र से टाटा का जुड़ाव सन् 1980 में रतन टाटा द्वारा इस क्षेत्र में प्रवेश हेतु एक रूपरेखा तैयार करने के बाद शुरू हुआ। तब उस समय यह क्षेत्र दूरसंचार विभाग (डाट) के लिए सुरक्षित था। सरकार का रवैया भी एक कदम आगे, दो कदम पीछेवाला था। जब निजी क्षेत्र के लिए टेलीफोन यंत्रों के निर्माण का क्षेत्र खोला गया तो टाटा ने केरल सरकार के साथ एक संयुक्त उपक्रम स्थापित किया। इस प्रकार केल्ट्रॉन का जन्म हुआ। टाटा ने एक जापानी कंपनी के सहयोग से अहमदाबाद में पी.ए.बी.एक्स. सेटों का निर्माण शुरू किया। बाद में एक अमेरिकन कंपनी से संपर्क किया।

सन् 1990 में सरकार ने बहुराष्ट्रीय कंपनियों के लिए संयुक्त उपक्रम स्थापित करने के लिए अपने द्वार खोल दिए।

सन् 1995 में सरकार ने देश में सेलुलर टेलीफोन के लिए निविदा आमंत्रित की। टाटा ने बेल, कनाडा के साथ सन् 1997 में संयुक्त उपक्रम स्थापित किया। सन् 1999 में टाटा टेलीसर्विसेज ने आंध्र प्रदेश में बेसिक टेलीकॉम सर्विसेज उपलब्ध कराने के लिए लाइसेंस प्राप्त किया। बाद में 5 अन्य टेलीकॉम सर्किल्स—कर्नाटक, तमिलनाडु, दिल्ली, गुजरात, महाराष्ट्र में भी कार्य करने का लाइसेंस प्राप्त किया। ये क्षेत्र देश के 56 प्रतिशत ग्राहकों का प्रतिनिधित्व करते हैं।

सन् 1995 में सरकार ने देश में सेलुलर टेलीफोन के लिए निविदा आमंत्रित की। टाटा ने बेल, कनाडा के साथ सन् 1997 में संयुक्त उपक्रम स्थापित किया। सन् 1999 में टाटा टेलीसर्विसेज ने आंध्र प्रदेश में बेसिक टेलीकॉम सर्विसेज उपलब्ध कराने के लिए लाइसेंस प्राप्त किया। बाद में 5 अन्य टेलीकॉम सर्किल्स—कर्नाटक, तमिलनाडु, दिल्ली, गुजरात, महाराष्ट्र में भी कार्य करने का लाइसेंस प्राप्त किया।

अपनी अनुषंगी इकाई टाटा टेली सर्विसेज (महाराष्ट्र) के साथ टी.टी.सी.एल. देश भर के 7,500 शहरों एवं कस्बों में 3.2 करोड़ ग्राहकों को सेवा मुहैया करा रही है।

सन् 2005 में कंपनी ने मोबाइल सेवाओं के क्षेत्र में कदम रखा और देश के 22 टेलीकॉम सर्किलों में यह अपनी सेवाओं का संचालन कर रही है। इसका नेटवर्क भारत में सबसे अच्छा माना जाता है।

व्यवसाय का क्षेत्र—टाटा टेलीसर्विसेज दूरसंचार के क्षेत्र में टाटा ग्रुप का प्रतिनिधित्व करता है। भारत में यह सी.डी.एम.ए. 1एक्स तकनीक के क्षेत्र में प्रमुख स्थान पर है। कंपनी दूरसंचार के सभी क्षेत्रों में सेवाएँ प्रदान करती है, चाहे यह मोबाइल सेवाएँ हों या वायरलेस डेस्कटॉप फोन्स या पब्लिक बूथ टेलीफोन अथवा वायरलाइन सेवाएँ। इसकी अन्य सेवाओं में वैल्यू एडेड सेवाएँ जैसे वायस पोर्टल, रोमिंग, पोस्टपैड इंटरनेट सर्विसेज, थ्री वे कान्फ्रेंसिंग, ग्रुप कॉलिंग, वाईफाई इंटरनेट, टाटा कॉड्र्स, कॉलिंग कॉड्र्स सर्विसेज आदि हैं। कंपनी द्वारा उपलब्ध अन्य उत्पादों में प्रीपेड वायरलेस डेस्कटॉप फोन्स, पब्लिक फोन बूथ्स, मोबाइल हैंडसेट्स, वॉयस एवं डाटा सर्विसेज जैसे गेम्स, वॉयस पोर्टल, पिक्चर मैसेजिंग, न्यूज, क्रिकेट, ज्योतिष आदि शामिल हैं।

टाटा टेलीसर्विसेज महाराष्ट्र के साथ कंपनी को जी.एस.एम. सेवाएँ प्रदान

करने का अधिकार मिला है, जिसे कंपनी ने इसी वर्ष शुरू करने का कार्यक्रम बनाया है। टाटा इंडिकॉम मोबाइल सेवाएँ मुहैया कराने में अग्रणी भूमिका निभा रही है। कंपनी ने प्रमुख टेलीकॉम सेवा-प्रदाताओं के साथ विश्वसनीय एवं तकनीकी रूप से उन्नत नेटवर्क हेतु भागीदारी की है।

संयुक्त उपक्रम, अनुषंगी एवं सहायक इकाई

- टाटा टेली सर्विसेज (महाराष्ट्र)
- वर्जिन मोबाइल इंडिया, वर्जिन मोबाइल ग्रुप के साथ फ्रेंचाइज पर आधारित। कंपनी का मुख्यालय मुंबई में है।

□

टाटा कम्युनिकेशंस

टाटा कम्युनिकेशंस लि. (पूर्व में वी.एस.एन.एल.) अंतरराष्ट्रीय लंबी दूरी, इंटरप्राइज डाटा, इंटरनेट सर्विसेज भारत की सबसे बृहत् दूरसंचार कंपनी है। मुंबई स्थित यह कंपनी 40 देशों के लगभग 80 शहरों में संचालनरत है। अपनी अनुषंगी टायको ग्लोबल नेटवर्क द्वारा यह दुनिया की सबसे बड़ी सबमेरीन केबिल बैंडविड्थ प्रदाता है। टाटा कम्युनिकेशंस की अन्य अनुषंगी है—वी.एस.एन.एल., कनाडा जिसे पूर्व में 'टेलीग्लोब' कहा जाता था, जो नियोटेल, दक्षिण अफ्रीका की प्रमुख भागीदार कंपनी है।

विदेश संचार निगम लिमिटेड की वर्ष 1986 में भारत सरकार के स्वामित्ववाली कंपनी के रूप में स्थापना की गई थी। सन् 2000 में टाटा ग्रुप ने इसके नियंत्रण का अधिकार हस्तगत कर लिया। सन् 2008 में इसे टाटा कम्युनिकेशंस लि. नाम दिया गया। सन् 2008 में टाटा कम्युनिकेशंस ने 2 अरब अमेरिकी डॉलर की लागत के वैश्विक विस्तार (ग्लोबल एक्सपेंशन) कार्यक्रम की घोषणा की।

□

टाटा स्काई

यह टाटा ग्रुप एवं स्टार टी.वी. का संयुक्त उपक्रम है, जिसमें 80 प्रतिशत हिस्सेदारी टाटा ग्रुप की तथा 20 प्रतिशत स्टार टी.वी. की है। यद्यपि इसकी स्थापना सन् 2004 में ही हो चुकी थी, लेकिन इसने व्यावहारिक रूप से सन् 2006

से कार्य करना शुरू किया। वर्तमान में यह लगभग 140 चैनलों पर कार्यक्रम उपलब्ध कर रहा है। कंपनी इंग्लैंड की स्काई ब्रॉडकास्टिंग कंपनी का स्काई ब्रांड प्रयोग करती है। सन् 2008 में कंपनी ने टाटा स्काई प्लस के नाम से पी.वी.आर. सर्विस शुरू करने की घोषणा की, जिससे एमपीईजी-4 सापेक्ष सेट टॉप बॉक्स में 45 घंटे की रिकॉर्डिंग की सुविधा होगी।

□

टाइटन इंडस्ट्रीज

यह टाटा ग्रुप एवं तमिलनाडु इंडस्ट्रियल डेवलपमेंट कॉर्पोरेशन का संयुक्त उपक्रम है। यह दुनिया की छठी सबसे बड़ी कंपनी है, जो कलाई घड़ियों का निर्माण करती है। इसके द्वारा निर्मित घड़ियों में टाइटन, फास्ट्रैक, सोनाटा,

नेबुला एवं जाइलिस ब्रांड शामिल हैं। इसके कार्यक्षेत्र में घड़ियाँ, उनकी एसेसरीज एवं ज्वैलरी आदि हैं। इसकी निर्माण इकाइयाँ होसुर, देहरादून व गोवा में हैं। यह 'तनिष्क' ब्रांड नाम से आभूषणों का निर्माण भी करती है।

सन् 1987 में टाइटन का घड़ी विभाग शुरू किया गया था। उस समय यह

एच.एम.टी. एवं आलविन के बाद देश की तीसरी सबसे बड़ी घड़ी निर्माता कंपनी थी। टाइटन घड़ियों का भारत के 25 प्रतिशत बाजार पर कब्जा है। अपनी विपणन अनुषंगी इकाइयों द्वारा यह दुनिया के लगभग 40 देशों को घड़ियों का निर्यात भी करती है। ये अनुषंगी इकाइयाँ सिंगापुर, अदन, दुबई तथा लंदन में हैं। भारतीय बाजार में विपणन हेतु इसकी एक लंबी रिटेल शृंखला है।

□

तनिष्क

वर्तमान में तनिष्क भारत का सबसे प्रमुख ज्वैलरी ब्रांड है। भारत में ब्रांडेड आभूषण पेश करनेवाला यह सर्वप्रथम ब्रांड है। 22 कैरेट शुद्ध सोने के आभूषण, हीरों अथवा रंगीन रत्नों से सज्जित कर यह देश में एक विस्तृत शृंखला में पेश करता है। तनिष्क की स्थापना सन् 1995 में की गई थी। इसने सुनारों की खानदानी परंपरा को चुनौती देते हुए बहुमूल्य आभूषण के क्षेत्र में नए नियमों की शुरुआत की। टाटा की शुद्धता की गारंटी के साथ बाजार में प्रवेश कर इसने तहलका मचा दिया। तभी यह पता चल पाया कि भारत में खरा सोना के नाम पर आभूषण निर्माता सदियों से आम जनता को बेवकूफ बनाते रहे हैं। व्यक्तिगत विश्वास पर आधारित शुद्धता को इसने तकनीक की कसौटी पर कसकर बड़े पैमाने पर व्याप्त भ्रष्टाचार से लोगों को परिचित कराया। यह तनिष्क ही था, जिसने कैरेटमीटर जैसी उन्नत तकनीक का इस्तेमाल करके बिना सोने के आभूषण को

हानि पहुँचाए सोने की शुद्धता परखने का साधन मुहैया कराया।

भारत में आभूषण निर्माण-कला के क्षेत्र में नए अनुसंधान का तनिष्क ने उत्पादन केंद्र तथा आधार-स्रोत स्थापित किया। 1,35,000 वर्गफीट क्षेत्र में फैली इसकी विशाल इकाई सभी आधुनिक मशीनों एवं यंत्रों से सुसज्जित है। तमिलनाडु के होसुर में स्थापित फैक्टरी विभिन्न शैली के आभूषण बनानेवाले कारीगरों के कार्य को केंद्रीयकृत करती है। एक तरफ वे कारीगर हैं, जिनसे कम मेहनताने पर कार्य कराकर आभूषण निर्माताओं द्वारा उनका शोषण किया जाता है, जबकि तनिष्क के कारीगरों को कार्य करने की उत्कृष्ट स्थितियाँ एवं उचित वेतन तथा अन्य सुविधाएँ प्राप्त हो रही हैं। यही कारण है कि आज तनिष्क काफी प्रगति पर है और कई शहरों में इसकी विपणन शाखाएँ खुल गई हैं।

□

टाटा टेक्नोलॉजीज

टाटा टेक्नोलॉजीज टाटा ग्रुप की वह कंपनी है, जो ऑटोमोटिव इंडस्ट्री के क्षेत्र में कार्य करती है और इंजीनियरिंग एवं डिजाइन सोल्यूशन उपलब्ध कराती है। सन् 2005 में कंपनी ने यूरोप की इसी क्षेत्र में कार्यरत एक बड़ी कंपनी इंकैट

का नियंत्रण अपने हाथ में लिया। टाटा टेक्नोलॉजीज लि. का मुख्यालय पुणे के पास स्थित है। अपने पूर्ण स्वामित्ववाली अनुषंगी इकाई, जो कि डेट्रायट, डेनवर एवं लंदन में है, के मारफत कंपनी अमेरिका एवं यूरोप में अपने कार्य का संचालन करती है। कंपनी थाइलैंड में भी व्यवसाय कर रही है।

□

वोल्टास लिमिटेड

मुंबई स्थित टाटा की यह कंपनी मुख्यत: इंजीनियरिंग, एयर कंडीशनिंग एवं रेफ्रीजरेशन कंपनी है। यह उद्योगों के एक बड़े क्षेत्र जैसे हीटिंग, एयर

कंडीशनिंग, रेफ्रिजरेशन, वेंटीलेशन, इलेक्ट्रोमैकेनिकल प्रोजेक्ट, मशीन टूल्स, टेक्सटाइल मशीनरी, कंस्ट्रक्शन इक्विमेंट, माइनिंग, वाटर मैनेजमेंट आदि के क्षेत्र में कार्यरत है।

□

टाटा ए.आई.जी.

टाटा ए.आई.जी. जनरल, टाटा ग्रुप एवं अमेरिकी इंटरनेशनल ग्रुप (ए.आई. जी.) का एक संयुक्त उपक्रम है। इससे टाटा ग्रुप की भारत में प्रमुखता तथा ए.आई.जी. की वैश्विक उपस्थिति (बीमा एवं वित्त सेवा क्षेत्र में) का संयुक्तीकरण हुआ है। इस उपक्रम में टाटा ग्रुप की हिस्सेदारी 74 प्रतिशत तथा ए.आई.जी. की 26 प्रतिशत है। टाटा ए.आई.जी. की जनरल इंश्योरेंस कंपनी ने सन् 2001 में भारत में अपना व्यवसाय शुरू किया। यह सामान्य बीमा के प्रत्येक क्षेत्र जैसे मोटर, गृह, दुर्घटना एवं स्वास्थ्य, यात्रा, ऊर्जा, समुद्री, संपत्ति देयता तथा कई अन्य विशेष वित्तीय क्षेत्रों में सेवाएँ प्रदान करती है।

ए.आई.जी. बीमा एवं वित्त सेवाओं के क्षेत्र में दुनिया का प्रमुख व्यवसायकर्ता है। लगभग 130 देशों एवं क्षेत्रों में यह सफलतापूर्वक अपना कार्य संचालित कर रही है। ए.आई.जी. की इकाइयाँ वाणिज्यिक, सांस्थानिक एवं वैयक्तिक ग्राहकों को अपनी सेवाएँ दे रही हैं। इनके अलावा भी ए.आई.जी. कंपनियों, रिटायरमेंट सेवाओं, वित्तीय एवं संपत्ति प्रबंधन सेवाओं के क्षेत्र में भी दुनिया में सर्वोच्च स्थान पर है। ए.आई.जी. न्यूयॉर्क, पेरिस, टोक्यो तथा स्विट्जरलैंड स्टॉक एक्सचेंज में सूचीबद्ध है।

□

द ताज ग्रुप

जमशेदजी टाटा के मन में चार मुख्य योजनाएँ थीं, जिन्हें वे अपने जीवन-काल में पूरी करना चाहते थे। वे थीं—स्टील, हाइड्रोइलेक्ट्रिक पावर, एक रिसर्च यूनिवर्सिटी तथा एक ऐसा होटल, जिसके मुकाबले में एशिया में दूसरा होटल न हो। वे बंबई में एक ऐसा होटल बनाना चाहते थे, जो दुनिया के उत्कृष्ट होटल के स्तर का हो। उनके जीवनकाल में उनकी एक यही तमन्ना पूरी हो पाई, जब सन् 1903 में शानदार ताजमहल होटल का बंबई में उद्घाटन हुआ। ताज आज आवभगत का पर्याय बन चुका है। ग्राहक संतुष्टीकरण के मामले में ताज दुनिया में सर्वोत्तम है। ताज ग्रुप ने अपने कर्मचारियों के उत्कृष्ट प्रशिक्षण के लिए प्रशिक्षण केंद्र खोले हैं।

क्वालालंपुर (मलेशिया) में संपन्न 'वर्ल्ड ट्रेवल सेरेमनी' में ताजमहल होटल, मुंबई को दुनिया के सभी ट्रेवल एजेंटों ने एक स्वर से एशिया-प्रशांत क्षेत्र का सबसे अच्छा होटल घोषित किया।

केरल में ताज ने 'ग्रीन टूरिज्म' के नाम से एक परियोजना शुरू की है, जहाँ ताज ग्रुप के पाँच होटलों में विशेषज्ञ आयुर्वेदिक उपचार उपलब्ध है।

सन् 1903 में अपने उद्घाटन के समय से ही ताजमहल पैलेस एवं टावर मुंबई ने एक इतिहास बनाया है। यहाँ अनेक महाराजाओं, राजकुमारों, राष्ट्रपतियों तथा अन्य प्रमुख हस्तियों ने ताज का आतिथ्य ग्रहण किया है।

ताज वास्तु का भी एक उत्कृष्ट नमूना है, जो अरब सागर एवं गेटवे ऑफ इंडिया का मनमोहक दर्शन कराता है। इसमें विदेशी शिल्प एवं तकनीकों के साथ भारतीय शिल्प तथा कलाकृतियों का भरपूर उपयोग हुआ है।

सन् 1970 में अतिरिक्त निर्माण के फलस्वरूप होटल में कमरों की संख्या दुगुनी हो गई। इस टावर विंग की परिकल्पना एक ख्यातिप्राप्त अमेरिकी मेल्ट बेकर नामक वास्तु-शिल्पी की थी। हांगकांग के एक स्विस डिजाइनर डेल कीलर के पास इसकी आंतरिक साज-सज्जा का प्रभार था। इसमें भारतीयता का पुट रखा गया जैसे उदयपुर शैली के रिलीफ पैनल, तंजौर शैली के स्तंभ, भारतीय रेस्टोरेंट आदि। सन् 1990 में ऊपर के चार मंजिलों के कमरों का फिर से आधुनिकीकरण किया गया।

सन् 1970 में अतिरिक्त निर्माण के फलस्वरूप होटल में कमरों की संख्या दुगुनी हो गई। इस टावर विंग की परिकल्पना एक ख्यातिप्राप्त अमेरिकी मेल्ट बेकर नामक वास्तु-शिल्पी की थी। हांगकांग के एक स्विस डिजाइनर डेल कीलर के पास इसकी आंतरिक साज-सज्जा का प्रभार था। इसमें भारतीयता का पुट रखा गया जैसे उदयपुर शैली के रिलीफ पैनल, तंजौर शैली के स्तंभ, भारतीय रेस्टोरेंट आदि। सन् 1990 में ऊपर के चार मंजिलों के कमरों का फिर से आधुनिकीकरण किया गया।

लगभग एक सदी से ताजमहल पैलेस दुनिया भर की विभिन्न प्रकार की पेंटिंग्स एवं कलात्मक चीजों का एक तरह से स्टोर हाउस बन गया है। यहाँ ये चीजें काफी संख्या में प्रदर्शित हैं।

सुविधाएँ : ताजमहल पैलेस ऐंड टावर में 565 कमरे तथा 46 सुइट्स हैं तथा इसकी सुविधाएँ भी उत्कृष्ट स्तर की हैं। यह ताज क्लब रूम तथा सुइट्स हेतु वैयक्तिक प्रकार की बटलर सर्विस भी मुहैया कराता है। यहाँ ये बटलर एक गाइड तथा सहायक के रूप में महत्त्वपूर्ण भूमिका निभाते हैं।

होटल व्यवसाय सेवाओं में शामिल हैं—वायरलैस इंटरनेट एवं ब्रॉडबैंड

इंटरनेट एक्सेस, कलर कॉपियर, इन हाउस कॉन्फ्रेंसिंग, किराए पर मोबाइल, लैपटॉप, पोर्टेबल प्रिंटर उपलब्ध अनुवाद, दुभाषिया तथा सेक्रेटेरियल सेवाएँ किराए पर उपलब्ध, मल्टी मीडिया कंप्यूटर उपलब्ध। अन्य सेवाओं में 24 घंटे डाइनिंग, बेबी सिटिंग, ब्यूटी सैलून, कार हायर, करेंसी एक्सचेंज, ड्राइक्लीनिंग, फ्लोरिस्ट, हाउस डॉक्टर, लॉण्ड्री तथा ट्रैवल सेवाएँ आदि।

जब ताज लहूलुहान हुआ : 26 नवंबर, 2008 को पाकिस्तानी आतंकवादियों ने बंबई के जिन दो बड़े होटलों पर हमला किया, उनमें ताजमहल पैलेस ऐंड टावर होटल भी एक था, जिसमें बड़े पैमाने पर आतंकवादियों ने विनाश-लीला की। कुल मिलाकर जान-माल का काफी नुकसान हुआ। यहाँ मरनेवाले 31 लोगों में अतिथि सहित स्टाफ के कर्मचारी भी शामिल थे। जब 59 घंटे से अधिक समय तक की घेरेबंदी के बाद मुंबई को आतंकवादियों के चंगुल से मुक्त कराया गया, तब तक कुल मिलाकर 10 स्थानों पर उन्होंने 183 लोगों को मार डाला था तथा 239 लोगों को बुरी तरह घायल कर दिया था।

ताज का बुरा हाल था। खून से लथपथ कमरे एवं गलियारे, गोलियों से हुए छेद, ग्रेनेडों की मार से हुआ ध्वंस, जले हुए आंतरिक हिस्से। अतिथियों तथा सुरक्षाकर्मियों के साथ-साथ ताज के कई कर्मचारियों को भी जान से हाथ धोना पड़ा। ताज के महाप्रबंधक की पत्नी और दो बच्चे भी वहाँ लगी आग की भेंट चढ़ गए। लेकिन मुंबई वासियों की तरह ताज के कर्मचारियों ने भी हिम्मत नहीं हारी

तथा ताज को दुबारा गरिमामय स्थान पर पहुँचाने का प्रण किया।

ताज में अतिथियों का पुनः सत्कार : आतंकवादी हमले के चौबीस दिन बाद 21 दिसंबर, 2008 को ताजमहल पैलेस होटल पुनः खुल गया और इसमें अतिथियों का आगमन शुरू हो गया। 21 दिसंबर को इसके सारे रेस्टोरेंट में बुकिंग पूरी हो चुकी थी।

होटल के पुनः खुलने के अवसर पर रतन टाटा ने मुंबई में आतंकवादी हमले में जान गँवानेवाले अतिथियों व सुरक्षाकर्मियों को याद करते हुए अपने होटल के उन कर्मचारियों का भी शुक्रिया अदा किया, जिन्होंने अपनी जान पर खेलकर अतिथियों की जान बचाई तथा एक नया अध्याय लिखा।

द ट्री ऑफ लाइफ : जिन लोगों ने 26 नवंबर को आतंकवादियों के हमले में होटल में अपने प्राण गँवाए, उनकी याद में 'द ट्री ऑफ लाइफ' के नाम से एक स्मारक का लोकार्पण भी किया गया। इसके आधार पर उन 31 लोगों के नाम दर्ज किए गए, ताकि उन्हें हमेशा याद रखा जा सके। इस स्मारक का आधार जयदेव बघेल की वह कलाकृति है, जो 5वीं मंजिल की सीढ़ियों के पास स्थापित थी, जहाँ यह आतंकी हमले से अविचलित अपनी पूर्व स्थिति में ही पाई गई।

द ट्री ऑफ लाइफ : जिन लोगों ने 26 नवंबर को आतंकवादियों के हमले में होटल में अपने प्राण गँवाए, उनकी याद में 'द ट्री ऑफ लाइफ' के नाम से एक स्मारक का लोकार्पण भी किया गया। इसके आधार पर उन 31 लोगों के नाम दर्ज किए गए, ताकि उन्हें हमेशा याद रखा जा सके। इस स्मारक का आधार जयदेव बघेल की वह कलाकृति है, जो 5वीं मंजिल की सीढ़ियों के पास स्थापित थी, जहाँ यह आतंकी हमले से अविचलित अपनी पूर्व स्थिति में ही पाई गई।

इस आतंकी हमले के बाद न सिर्फ ताज होटल बल्कि शहर के अन्य हिस्सों में शिकार हुए लोगों, मृतकों के परिजनों की सहायता के लिए ताज ने एक फंड की स्थापना की।

इस आतंकी हमले में सेना, पुलिस, फायर सेवा, होटल के कई कर्मचारियों तथा अतिथियों व सामान्य लोगों को भी प्राण गँवाने पड़े और कई घायल हुए थे। भारत एवं भारत से बाहर से भी शुभचिंतकों ने होटल को पुनः स्थापित करने तथा पीड़ित लोगों को राहत पहुँचाने के लिए अपनी शुभेच्छाएँ भेजीं।

ताज पब्लिक सर्विस वेलफेयर ट्रस्ट

इसके प्रत्युत्तर में ताज ग्रुप ने 'ताज पब्लिक सर्विस वेलफेयर ट्रस्ट' की स्थापना की। इसका मुख्य उद्देश्य हमले के शिकार लोगों तथा मृतकों के परिजनों को तत्काल राहत पहुँचाना था। चाहे वे सामान्य जन हों, सुरक्षा बलों के जवान या ताज के कर्मचारी या आतंक-पीड़ित अन्य संस्थानों के लोग हों। यह ट्रस्ट आनेवाले वर्षों में भी हिंसा, प्राकृतिक आपदा तथा अन्य दु:खदायी घटनाओं के शिकार लोगों की सेवा करता रहेगा।

इसमें इंडिया होटल्स कंपनी लि. के अलावा सर दोराबजी टाटा ट्रस्ट, सर रतन टाटा ट्रस्ट ने भी बहुमूल्य शुरुआती योगदान देना मंजूर किया। विदेशी दानदाताओं के योगदान हेतु भी सरकार से सहमति लेने पर विचार किया गया।

इस हेतु एक बोर्ड ऑफ ट्रस्टी का भी गठन किया गया, जिसमें रतन टाटा, एन.ए. सूनावाला, ए.पी. गोयल, आर.के. कृष्णकुमार, आर.एन. बिकसन तथा ए. मुकर्जी शामिल हैं।

आतंकी हमले की इस कठिन घड़ी में रतन टाटा ने बड़े धैर्य से काम लिया; लेकिन स्टेट मशीनरी की लापरवाही, लेट-लतीफी तथा सरकारी एजेंसियों में समन्वय के अभाव से वे काफी क्षुब्ध थे। उन्होंने अपनी यह अप्रसन्नता स्पष्ट तथा सलीके से व्यक्त कर दी, जब उन्होंने स्वयं अपनी, लोगों और संस्थानों की रक्षा की जिम्मेदारी स्वयं सँभालने का विचार व्यक्त किया।

□

टाटा ग्रुप के समुद्र पारीय बड़े अधिग्रहण

सन् 2000 से लेकर अब तक विदेशों में टाटा ग्रुप की कंपनियों ने कई बड़ी कंपनियों का अधिग्रहण किया है। इनका लेखा-जोखा निम्नवत् है—

सन् 2000—टाटा टी द्वारा इंग्लैंड की चाय कंपनी टेटले का अधिग्रहण किया गया। यह अधिग्रहण 43.2 करोड़ डॉलर में संपन्न हुआ। इस अधिग्रहण से टाटा टी दुनिया की सबसे बड़ी पैकेज्ड टी कंपनी बन गई।

फरवरी 2004—टाटा मोटर्स ने दक्षिण कोरिया की देबू ग्रुप से वाणिज्यिक वाहन इकाई के अधिग्रहण के समझौते पर हस्ताक्षर किए। इस पर 10.2 करोड़ डॉलर की लागत आई।

अगस्त 2004—टाटा स्टील ने सिंगापुर की स्टील मिलर नेटस्टील लि. को 28.6 करोड़ डॉलर में खरीदा।

जून 2005—टाटा कॉफी ने अमेरिका की 'ऐट ओ क्लॉक' कॉफी कंपनी को ग्रिफन इन्वेस्टर्स से खरीद लिया।

जुलाई 2005—टेलीकॉम कंपनी विदेश संचार निगम लि. (वी.एस.एन.एल.) ने अमेरिका की टेलीग्लोब इंटरनेशनल होल्डिंग्स लि. को 23.9 करोड़ डॉलर में तथा टाइको इंटरनेशनल ग्लोबल अंडर सी फाइबर ऑप्टिक केबल नेटवर्क इकाई को 13.0 करोड़ डॉलर में खरीदा।

सन् 2006—टाटा टी ने अमेरिकी वाटर फर्म इनर्जी ब्रांड इन्कॉर्पो. की 30 प्रतिशत हिस्सेदारी 67.7 करोड़ डॉलर में खरीदी तथा एक साल के अंदर ही 1.2 अरब डॉलर में इसे कोका कोला को बेच दिया।

जनवरी 2007—टाटा स्टील ने एंग्लो-डच स्टील निर्माता कंपनी कोरस ग्रुप का 12 अरब डॉलर में अधिग्रहण कर लिया। किसी भारतीय कंपनी द्वारा विदेश में यह अभी तक का सबसे बड़ा अधिग्रहण था।

मार्च 2007—टाटा पावर ने इंडोनेशिया में 1.3 अरब डॉलर में दो कोयला खदानें खरीदीं।

जनवरी 2008—टाटा केमिकल्स ने अमेरिकी सोडा ऐश निर्माता कंपनी जनरल केमिकल इंडस्ट्रियल प्रोडक्ट्स इन्कॉर्पो. को 1.01 अरब डॉलर में प्राप्त किया।

26 मार्च, 2008—टाटा मोटर्स ब्रिटिश कंपनी फोर्ड मोटर्स के लग्जरी ब्रांड लैंडरोवर व जगुआर का अधिग्रहण करने में सफल रही। यह सौदा 2.3 अरब अमेरिकी डॉलर में संपन्न हुआ।

इसके अलावा हाल के दिनों में टाटा एडवांस्ड सिस्टम्स ने अमेरिका की एक हेलीकॉप्टर निर्माता कंपनी 'सिकोरस्की' के साथ हेलीकॉप्टर बनाने का समझौता किया है। इसके अधीन 19 सीटोंवाले एस-92 हेलीकॉप्टरों का निर्माण किया जाएगा। यह समझौता 35 करोड़ डॉलर में संपन्न हुआ। हेलीकॉप्टर सन् 2010 से डिलीवरी हेतु उपलब्ध होंगे।

□

कुछ महत्त्वपूर्ण उपलब्धियाँ

रतन टाटा में प्रबंधन की अद्भुत क्षमता है। वे समय की नजाकत पहचानते हैं तथा तदनुसार ही फैसला करते हैं। उन्हें असफलताएँ भी झेलनी पड़ीं, लेकिन वे हिम्मत नहीं हारे। असफलताओं से उन्होंने सफलता की सीढ़ियाँ चढ़ने का मंत्र सीखा।

सन् 2000 में रतन टाटा ने 40.7 करोड़ डॉलर की धनराशि से इंग्लैंड की टेटले चाय कंपनी का अधिग्रहण किया। इतनी बड़ी धनराशि से किसी भारतीय कंपनी द्वारा कोई अधिग्रहण किए जाने का यह पहला मामला था।

स्टील कंपनी कोरस का अधिग्रहण

सन् 1999 में जब ब्रिटिश स्टील का अपने प्रतिद्वंद्वी डच स्टील कंपनी हूगोवेंस में विलय हुआ तो 'कोरस' का उदय हुआ। कोरस में 47,300 कर्मचारी कार्यरत

थे, जिनमें 24,000 ब्रिटेन में इसके विभिन्न स्थलों—पोर्ट टालबोट, स्कनथोर्पे एवं रोदरहम में कार्यरत थे।

पिछले कुछ समय से कच्चे माल की कीमतों में वृद्धि एवं ऊर्जा खर्च में ब्रिटेन एवं नीदरलैंड दोनों जगह उछाल आने से इसके लाभ में उल्लेखनीय कमी आ गई थी। अतः यह एक ऐसे संस्थान से जुड़ने को बाध्य हो गई थी, जिसका उत्पादन खर्च कम हो। जब कोरस स्टील प्लांट की बिक्री निश्चित हो गई तो स्टील क्षेत्र की बड़ी कंपनियाँ मैदान में उतर आईं। रतन टाटा की टाटा स्टील भी इनमें एक थी। लेकिन तब इसे कोई दमदार खरीदार नहीं माना जा रहा था। तमाम तरह के विचार हवा में थे। पहला तो यही था कि रतन टाटा कोई गंभीर दावेदार नहीं हैं, दूसरा यह कि कोरस खरीद उनके लिए एक घाटे का सौदा सिद्ध होगा। लेकिन रतन टाटा उस समय चुप रहे। उन्होंने खूब सोच-समझकर अपना मन बना लिया था कि उन्हें क्या करना है। एक बार कुछ करने का निर्णय कर लेने के बाद पीछे हटना उनके स्वभाव में नहीं था, चाहे कैसी भी चुनौती सामने आए। इस मामले में भी यही हुआ। कोरस अधिग्रहण में उन्हें ब्राजील की फर्म सी.एस.एन. से भारी चुनौती मिली।

कोरस एवं सी.एस.एन. के बीच सौदा होने से दुनिया की पाँचवीं सबसे बड़ी स्टील कंपनी का जन्म होता, जिसका वार्षिक उत्पादन 2.4 करोड़ टन होता। इससे कोरस की पहुँच कम कीमत और उच्च गुणवत्ता के कच्चे लोहे तक हो जाती, जो सी.एस.एन. की कासा डी पेड्रा खदान में उपलब्ध था। इसके साथ ही उसकी पहुँच दक्षिण अमेरिका के तेजी से उभरते बाजारों तक भी हो जाती।

कोरस एवं सी.एस.एन. के बीच सौदा होने से दुनिया की पाँचवीं सबसे बड़ी स्टील कंपनी का जन्म होता, जिसका वार्षिक उत्पादन 2.4 करोड़ टन होता। इससे कोरस की पहुँच कम कीमत और उच्च गुणवत्ता के कच्चे लोहे तक हो जाती, जो सी.एस.एन. की कासा डी पेड्रा खदान में उपलब्ध था। इसके साथ ही उसकी पहुँच दक्षिण अमेरिका के तेजी से उभरते बाजारों तक भी हो जाती।

यह सौदा चाहे टाटा से होता या सी.एस.एन. से, दोनों स्थितियों में नई कंपनी दुनिया की पाँचवीं सबसे बड़ी स्टील उत्पादक बनती तथा ब्रिटिश स्टील कंपनी कोरस बनने के एक दशक बाद ही विदेशी स्वामित्व में चली जाती।

टाटा ग्रुप इस अधिग्रहण आंदोलन में प्रति शेयर 455 पेन्स के प्रस्ताव के साथ कूदी।

इसके अधिग्रहण हेतु ब्राजील की सी.एस.एन. के साथ ही रूस की सेवरस्टाल भी इच्छुक थी। कोरस बोर्ड ने इसकी बोली 4.3 अरब पौंड लगाई थी।

बाद में सेवरस्टाल ने इस अधिग्रहण के प्रति अपनी अनिच्छा जाहिर कर दी, लेकिन सी.एस.एन. ने अपनी बोली 475 पेन्स प्रति शेयर कर दी। सी.एस.एन. इस बीच कोरस के साथ इस मुद्दे पर गहन विचार-विमर्श में थी कि टाटा की ओर से 500 पेन्स प्रति शेयर का प्रस्ताव आ पहुँचा, जो दोनों के लिए एक गंभीर झटका सिद्ध हुआ। दोनों काफी आश्चर्यचकित थे, लेकिन सी.एस.एन. ने तेजी दिखाते हुए प्रति शेयर अपनी बोली 515 पेन्स कर दी। टाटा स्टील भी तदनुसार प्रति शेयर अपनी बोली बढ़ाता गया और यह 608 पेन्स प्रति शेयर पहुँच गई। अंततः टाटा ने कुल मिलाकर 12 अरब डॉलर में कोरस का अधिग्रहण कर लिया।

कोरस यूरोप की दूसरी सबसे बड़ी स्टील उत्पादक कंपनी है, जिसका वार्षिक राजस्व 12 अरब पौंड, कच्चे स्टील का उत्पादन 2 करोड़ टन से अधिक है, जो कि मुख्यतः इंग्लैंड एवं नीदरलैंड में उत्पादित होता है।

कोरस में मुख्यतः तीन संचालन प्रभाग हैं। स्ट्राइप प्रोडक्ट्स, लॉन्ग प्रोडक्ट्स एवं डिस्ट्रीब्यूशन तथा बिल्डिंग सिस्टम्स। इसका अपना एक वैश्विक बिक्री कार्यालय एवं सर्विस केंद्रों का नेटवर्क है, जिनमें लगभग 42,000 लोग काम करते हैं।

कोरस यूरोप की दूसरी सबसे बड़ी स्टील उत्पादक कंपनी है, जिसका वार्षिक राजस्व 12 अरब पौंड, कच्चे स्टील का उत्पादन 2 करोड़ टन से अधिक है, जो कि मुख्यतः इंग्लैंड एवं नीदरलैंड में उत्पादित होता है।

कोरस में मुख्यतः तीन संचालन प्रभाग हैं। स्ट्राइप प्रोडक्ट्स, लॉन्ग प्रोडक्ट्स एवं डिस्ट्रीब्यूशन तथा बिल्डिंग सिस्टम्स। इसका अपना एक वैश्विक बिक्री कार्यालय एवं सर्विस केंद्रों का नेटवर्क है, जिनमें लगभग 42,000 लोग काम करते हैं।

दुनिया के विकसित बाजार में कोरस एक प्रमुख आपूर्तिकर्ता है। इसके सामान की आपूर्ति—निर्माण, ऑटोमोटिव, पैकेजिंग, मेकैनिकल एवं इलेक्ट्रिकल इंजीनियरिंग, मेटल गुड्स तथा तेल एवं गैस क्षेत्रों को होती है।

अधिग्रहण के बाद कोरस अब टाटा स्टील की एक अनुषंगी है। कोरस, टाटा स्टील, थाइलैंड एवं नेट स्टील एशिया को शामिल करते हुए आज टाटा स्टील का दुनिया के लगभग 50 देशों में व्यवसाय है। लगभग 80,000 कर्मचारी टाटा स्टील

ग्रुप के लिए दुनिया के पाँच महाद्वीपों में कार्यरत हैं। ग्रुप की क्रूड स्टील उत्पादन क्षमता 2.8 करोड़ टन आँकी गई है।

अनुमान है कि सन् 2011-12 तक टाटा स्टील एवं कोरस की संयुक्त उत्पादन क्षमता 4 करोड़ टन होगी तथा टोटल टर्नओवर 32 अरब डॉलर तक पहुँच जाएगा। यह अधिग्रहण किसी भारतीय कंपनी द्वारा विदेश में किया गया सबसे बड़ा अधिग्रहण है।

अधिग्रहण हेतु यह बोली आठ राउंड तक चली। ब्राजील की सी.एस.एन. ने अपना अंतिम प्रस्ताव पेश करते हुए 603 पेन्स प्रति शेयर तक बोली लगाई। टाटा स्टील ने इससे 5 पेन्स अधिक अर्थात् 608 पेन्स प्रति शेयर का प्रस्ताव देकर बोली अपने पक्ष में कर ली। अत: आखिरी बाजी टाटा के नाम रही, जिसने अपना और देश का मस्तक झुकने नहीं दिया और इस तरह एक नया इतिहास रच दिया।

□

जगुआर लैंड रोवर का अधिग्रहण

सन् 1922 में स्थापित जगुआर दुनिया का प्रमुख लक्जरी एवं स्पोर्ट्स कार निर्माता है। लैंड रोवर सन् 1948 से इस क्षेत्र में कार्यरत है। इस तरह जगुआर लैंड रोवर दो बड़े ब्रिटिश कार ब्रांडों से बना है। इसकी निर्माण इकाइयाँ इंग्लैंड में स्थित हैं।

इस कंपनी में 16,000 से ज्यादा कर्मचारी हैं, जिनमें से लगभग 3,500 इंजीनियर हैं। इसकी निर्माण इकाइयाँ ब्रिटेन के ह्विटले एवं गेडान में हैं।

जगुआर के तीन मॉडल एक्स एफ, एक्स जे एवं एक्स के, बर्मिंघम संयंत्र में तथा लैंड रोवर के डिफेंडर, डिस्कवरी-3, रोवर स्पोर्ट आदि मॉडल सॉलीहल में बनाए जाते हैं।

यह व्यवसाय इंग्लैंड के लिए मुद्रा-अर्जन का एक बड़ा साधन है। लैंड रोवर की 78 प्रतिशत कारें 169 देशों को निर्यात की जाती हैं। दूसरी तरफ 70

प्रतिशत जगुआर 63 देशों को निर्यात होती हैं। ग्राहकों को बिक्री हेतु आयातकों तथा फ्रेंचाइजी विक्रेताओं का सहारा लिया जाता है।

26 मार्च, 2008 को टाटा मोटर्स ने फोर्ड मोटर कंपनी से उसका जगुआर लैंड रोवर का व्यवसाय 2.3 अरब अमेरिकी डॉलर में खरीद लिया। इन नामी ब्रांडों को खरीदने के लिए दुनिया की अनेक कंपनियाँ प्रयासरत थीं, लेकिन सफलता रतन टाटा को ही मिली।

अधिग्रहण के बाद हस्तांतरण समारोह में गेडान स्थित जगुआर लैंड रोवर के मुख्यालय में रतन टाटा स्वयं उपस्थित थे। अधिगृहीत कंपनी की ओर से उसके प्रमुख अधिकारी उपस्थित थे।

इस अवसर पर रतन टाटा ने कहा कि टाटा मोटर्स के लिए यह एक यादगार क्षण है। जगुआर एवं लैंड रोवर दो बड़े ब्रिटिश ब्रांड हैं, जिनका एक वैश्विक बाजार है और इसमें विकास हेतु पर्याप्त क्षमता है। हमारा जगुआर लैंड रोवर टीम को पूरा समर्थन रहेगा। कंपनी की अपनी वैयक्तिक पहचान बनी रहेगी। इसी प्रकार यह अपने पूर्व लक्षित व्यावसायिक उद्देश्यों के अनुरूप कार्य करती रहेगी।

इंजिनों, स्टांपिंग एवं जगुआर लैंड रोवर को पुरजों की आपूर्ति का लंबी अवधि का करार किया गया है। फोर्ड द्वारा सहयोग के अन्य क्षेत्र होंगे सूचना तकनीक, एकाउंटिंग तथा परीक्षण सुविधाओं की उपलब्धता। डिजाइन एवं विकास के क्षेत्र में दोनों कंपनियाँ लगातार सहयोग करेंगी। फोर्ड मोटर कंपनी संक्रमण काल में एक अवधि तक जगुआर लैंड रोवर के खरीदारों तथा ग्राहकों को वित्तीय सुविधा देती रहेगी।

खरीद व्यवस्था में सभी बौद्धिक संपदा अधिकार का रॉयल्टी-रहित निरंतर स्वामित्व, निर्माण संयंत्र, इंग्लैंड के दो डिजाइन केंद्र तथा नेशनल सेल्स कंपनीज का वैश्विक नेटवर्क का स्वामित्व जगुआर लैंड रोवर को दिया गया।

इंजिनों, स्टांपिंग एवं जगुआर लैंड रोवर को पुरजों की आपूर्ति का लंबी अवधि का करार किया गया है। फोर्ड द्वारा सहयोग के अन्य क्षेत्र होंगे सूचना तकनीक, एकाउंटिंग तथा परीक्षण सुविधाओं की उपलब्धता। डिजाइन एवं विकास के क्षेत्र में दोनों कंपनियाँ लगातार सहयोग करेंगी। फोर्ड मोटर कंपनी संक्रमण काल में एक अवधि तक जगुआर लैंड रोवर के खरीदारों तथा ग्राहकों को वित्तीय सुविधा देती रहेगी।

यह सौदा टाटा मोटर्स को अंतरराष्ट्रीय ऑटोमोबाइल क्षेत्र में अपनी अच्छी पैठ जमाने के लिए महत्त्वपूर्ण अवसर प्रदान करेगा। इसके साथ ही टाटा मोटर्स लग्जरी कार श्रेणी में अपनी अलग पहचान बना सकेगी, जो इससे पूर्व केवल कम कीमत की कारों के निर्माण के लिए जानी जाती थी।

फोर्ड कंपनी के लिए भी यह सौदा एक बड़ी राहत लेकर आया, क्योंकि इन दोनों आलीशान ब्रांडों के निर्माण पर काफी रकम खर्च हो रही थी तथा आय के मुकाबले व्यय ज्यादा था। दूसरी ओर इसको पर्याप्त मात्रा में ग्राहक भी नहीं मिल पा रहे थे। फलत: कंपनी को पिछले दो-तीन वर्षों से भारी घाटा उठाना पड़ रहा था।

लैंड रोवर कारों का भारतीय बाजार में प्रवेश

अधिग्रहण के लगभग एक साल बाद जून 2009 के अंतिम सप्ताह में टाटा मोटर्स ने जगुआर लैंड रोवर कार को भारतीय बाजार में उतारा। रोवर मॉडल्स की तीन कारों—डिस्कवरी-3, रेंज रोवर एवं स्पोर्ट में प्रत्येक की कीमत 65 लाख रुपए से 1 करोड़ तक हो सकती है।

इन लग्जरी कारों को भारतीय ग्राहकों के लिए पेश करते समय रतन टाटा ने कहा कि 'इसके साथ ही लैंड रोवर ब्रांड की कारों का भारत में प्रवेश हो गया

है। यद्यपि बीते वर्षों में उनका यहाँ प्रवेश हुआ था, लेकिन कुछ वर्षों में यहाँ के ग्राहकों से उनका संबंध टूट गया था।'

टाटा द्वारा अधिग्रहण के बाद भी पिछले एक वर्ष के दौरान आर्थिक मंदी के दौर में इसकी बिक्री पूर्व की अपेक्षा एक-तिहाई घट गई। इसे ध्यान में रखते हुए रतन टाटा का कहना था, 'आर्थिक मंदी के दौर में जगुआर लैंड रोवर को स्तुति नहीं मिल पाई, पर वे अपने शानदार उत्पादन के साथ ही शानदार उत्पाद हैं। मंदी की स्थिति से बाहर आने के बाद हम कह सकेंगे कि इसका स्वामित्व ग्रहण करना एक कठिन निर्णय था। लेकिन एक भारतीय के रूप में इन ब्रांडों का स्वामित्वधारी होने के नाते मैं गर्व महसूस करता हूँ। हम उनकी खोई हुई गरिमा अवश्य वापस लाएँगे।'

इस अवसर पर जगुआर लैंड रोवर के चीफ एक्जीक्यूटिव ऑफीसर डेविड स्मिथ सहित कई प्रमुख अधिकारी मुंबई में उपस्थित थे।

जगुआर लैंड रोवर शृंखला की तुलना मर्सिडीज-एस, ऑडी-6, बीएमडब्ल्यू-7 आदि से की जा सकती है।

जगुआर लैंड रोवर के प्रवेश के साथ ही टाटा मोटर्स एक ऐसी कंपनी हो गई है, जो महँगी आलीशान कारों के साथ-साथ सामान्य लोगों हेतु कम कीमत की कार के व्यवसाय में रत है।

□

टाटा संस के चेयरमैन

1. जमशेदजी टाटा (सन् 1887–1904)
2. सर दोराबजी टाटा (सन् 1904–1932)
3. सर नौरोजी सकलातवाला (सन् 1932–1938)
4. जे.आर.डी. टाटा (सन् 1938–1991)
5. रतन नवल टाटा (सन् 1991 से पदासीन)

□

टाटा ग्रुप : कुछ तथ्य

स्थापना : सन् 1868–टाटा संस, जमशेदजी टाटा द्वारा स्थापित।

प्रोमोटर कंपनीज : टाटा संस एवं टाटा इंडस्ट्रीज।

मुख्यालय : बॉम्बे हाउस, 24 होमी मोदी स्ट्रीट, मुंबई।

व्यावसायिक क्षेत्र : मैटेरियल्स, इंजीनियरिंग, एनर्जी, केमिकल्स एवं कंज्यूमर प्रोडक्ट्स, इन्फॉर्मेशन सिस्टम्स एवं कम्युनिकेशंस।

ग्रुप का राजस्व : 62.5 अरब डॉलर (रु. 2,51,543 करोड़) (स्रोत : वर्ष 2007–08)

लाभ : 5.4 अरब डॉलर (रु. 21,578 करोड़)

शेयर धारकों की संख्या : 32 लाख से अधिक।

कंपनियों की संख्या : 96 संचालनरत कंपनियाँ।

कर्मचारियों की संख्या : 3,50,000 कर्मचारी।

अंतरराष्ट्रीय स्थिति : दुनिया के लगभग 80 देशों में व्यवसाय।

अंतरराष्ट्रीय राजस्व : 38.3 अरब डॉलर। ग्रुप के कुल राजस्व का 61 प्रतिशत।

बंबई स्टॉक एक्सचेंज में सूचीबद्ध कंपनियाँ : 27 कंपनियाँ।

न्यूयॉर्क स्टॉक एक्सचेंज में सूचीबद्ध : दो—टाटा मोटर्स एवं टाटा कम्युनिकेशंस।

प्रबंधन बोर्ड

रतन नवल टाटा, चेयरमैन टाटा संस

ग्रुप कॉर्पोरेट सेंटर के सदस्य

- एन.ए. सूनावाला, वाइस चेयरमैन, टाटा संस
- जे.जे. ईरानी, डायरेक्टर, टाटा संस

- आर.के. कृष्णकुमार, डायरेक्टर टाटा संस
- आर. गोपालकृष्णन, एक्जीक्यूटिव डायरेक्टर, टाटा संस
- इशहत हुसैन, फाइनेंस एवं एक्जीक्यूटिव डायरेक्टर, टाटा संस
- किशोर चौकर, मैनेजिंग डायरेक्टर, टाटा इंडस्ट्रीज
- अरुण गांधी, एक्जीक्यूटिव डायरेक्टर, टाटा संस
- एलन रोजलिंग, एक्जीक्यूटिव डायरेक्टर, टाटा संस।

व्यावसायिक महत्ता

टाटा स्टील : दुनिया में स्टील उत्पादन में छठा स्थान तथा भारत में निजी क्षेत्र में सबसे बड़ा स्टील उत्पादक।

टी.सी.एस. : एशिया का सबसे बड़ा सॉफ्टवेयर निर्माता।

टाटा टी : दुनिया की सबसे बड़ी एकीकृत चाय कंपनी।

टाटा केमिकल्स : भारत में सबसे बड़ी तथा दुनिया में तीसरी सबसे बड़ी सोडा एश उत्पादक कंपनी।

टाटा पावर : निजी क्षेत्र में भारत की सबसे बड़ी ऊर्जा कंपनी।

ताज ग्रुप : फाइव स्टार लग्जरी होटलों की भारत में सबसे बड़ी शृंखला।

टाइटन : दुनिया की पाँचवीं सबसे बड़ी घड़ी निर्माता कंपनी।

भारत में सर्वप्रथम

- स्टील उद्योग की स्थापना।
- श्रम हितकारी नियमों की परिकल्पना एवं उन्हें लागू करना, जैसे—कार्य के 8 घंटे, प्रॉविडेंट फंड, ग्रेच्युटी, मैटरनिटी लाभ तथा तमाम अन्य सुविधाएँ लागू करना।
- भारत के सर्वप्रथम पावर प्लांट की स्थापना।
- नागरिक उड्डयन की स्थापना।
- बीमा व्यवसाय की शुरुआत।
- भारत में लग्जरी होटलों की शृंखला स्थापित करना।
- वाणिज्यिक वाहनों का उत्पादन।
- सॉफ्टवेयर विकास का कार्य।
- भारत की स्वदेशी कार इंडिका का उत्पादन।

□

रतन टाटा को प्राप्त सम्मान

- 26 जनवरी, 2008 को उन्हें भारत के दूसरे सबसे बड़े नागरिक सम्मान 'पद्म विभूषण' से सम्मानित किया गया।
- सन् 2008 में ही उन्हें नैसकॉम ग्लोबल लीडरशिप अवार्ड-2008 से सम्मानित किया गया।
- सन् 2007 में रतन टाटा ने टाटा परिवार की ओर से 'कार्नेगी मेडल ऑफ फिलांथ्रोपी' सम्मान प्राप्त किया।
- सन् 2006 में कार्नेल विश्वविद्यालय ने उन्हें 26वें रॉबर्ट एस. हेटफील्ड फैलो इन इकोनॉमिक्स' से सम्मानित किया।
- सन् 2004 में रतन टाटा को चीन में 'ऑनरेरी इकोनॉमिक एडवाइजर टु हेंग्जवाऊ सिटी' की पदवी प्रदान की गई।
- लंदन स्कूल ऑफ इकोनॉमिक्स एवं इंडियन इंस्टीट्यूट ऑफ टेक्नोलॉजी, खड़गपुर से उन्हें ऑनरेरी डॉक्टरेट की उपाधियाँ मिली हैं।
- मई 2008 में 'टाइम मैगजीन' की दुनिया के 100 प्रभावशाली लोगों की सूची में उन्हें स्थान दिया गया।
- 29 अगस्त, 2008 को सिंगापुर की सरकार ने उन्हें ऑनरेरी सिटिजनशिप (नागरिकता) प्रदान की। यह सम्मान उन्हें सिंगापुर के विकास में उनके योगदान पर प्रदान किया गया।

प्राप्त सदस्यताएँ

- सदस्य, प्रधानमंत्री परिषद्, व्यापार एवं उद्योग।
- सदस्य, एडवाइजरी बोर्ड, मित्सुबिशी कॉरपोरेशन।
- सदस्य अमेरिकी अंतरराष्ट्रीय ग्रुप, जे.पी. मोर्गन एवं बूज ऐलन हेमिल्टन।

- सदस्य, बोर्ड ऑफ ट्रस्टीज रैंड कॉर्पोरेशन।
- सदस्य, यूनिवर्सिटी ऑफ सदर्न कैलीफोर्निया, कार्नेल यूनिवर्सिटी।
- सदस्य, दक्षिण अफ्रीका इंटरनेशनल इंवेस्टमेंट कौंसिल।
- सदस्य, न्यूयॉर्क स्टॉक एक्सचेंज में एशिया-पैसेफिक एडवाइजरी कमेटी।
- अध्यक्ष, भारतीय विज्ञान संस्थान कोर्ट, बंगलौर।
- सचिव, प्रबंध समिति टाटा इंस्टीट्यूट ऑफ फंडामेंटल रिसर्च, मुंबई।
- सदस्य, ग्लोबल बिजनेस कौंसिल ऑफ एच.आई.वी.; भारत में एड्स के प्रति जागरूकता पैदा करने संबंधी कार्यों के लिए।

इसके साथ ही वे कई अन्य राष्ट्रीय तथा अंतरराष्ट्रीय संगठनों से जुड़े हुए हैं।

□

उदारता में सर्वोपरि

जमशेदजी एवं उनके पुत्रों ने देश के औद्योगिकीरण के दौरान जो धन अर्जित किया, वह उन्होंने अपने आराम और विलासिता पर खर्च नहीं किया। उस धन का अधिकांश हिस्सा उन्होंने ट्रस्टों में लोगों के कल्याण हेतु रख दिया, ताकि उसका उपयोग सिर्फ उन्हीं की भलाई के कार्यों हेतु किया जा सके।

अपने लिए धन अर्जित करना और दूसरों के लिए अर्जित करना, दोनों ही विपरीत ध्रुव हैं। लेकिन यहाँ जिक्र उस व्यावसायिक घराने का है, जिसने तमाम संघर्ष, परेशानियाँ व खतरे मोल लेकर अपने देश के लिए धन अर्जित किया तथा उसे विविध तरीकों से देशवासियों की सेवा में खर्च करने के लिए तमाम ट्रस्टों का गठन किया और उन्हें कुशलतापूर्वक संचालित किया है।

जमशेदजी के लोक-कल्याणकारी कार्य

जमशेदजी टाटा ने सन् 1870 में मध्य भारत में एक वस्त्र कारखाने की स्थापना से जिस ग्रुप की शुरुआत की थी, आज वह देश-विदेश में विख्यात है। जमशेदजी की सोच व दूरदर्शिता से देश में वस्त्र उद्योग के साथ ही स्टील तथा ऊर्जा उद्योगों की कल्पना साकार हुई। उन्होंने तकनीकी शिक्षा की नींव डाली, लोक-कल्याणकारी कार्यों की शुरुआत की और इस तरह भारत को 21वीं सदी के द्वार तक पहुँचाने का मार्ग प्रशस्त किया।

जमशेदजी की मृत्यु के बाद उनके बड़े पुत्र सर दोराबजी टाटा ने टाटा ग्रुप का कार्यभार सँभाला और अपने छोटे भाई सर रतन टाटा, चचेरे रिश्तेदार आर.डी. टाटा तथा अन्य की सहायता से जमशेदजी के सपनों को साकार रूप दिया।

ट्रस्टीशिप की भावना जमशेदजी एवं उनके पुत्रों के व्यवसाय का एक प्रकार से सह-उत्पाद है, जिसके माध्यम से उन्हें देश की जरूरतों को पूरा करना था।

उनकी विस्तृत वैचारिक सोच ने उन्हें अपने व्यावसायिक हितों से परे जाकर कुछ करने का विचार तथा उसे मूर्त रूप देने का संकल्प दिया। जमशेदजी में अपने देश को एक औद्योगिक राष्ट्र के रूप में विकसित करने की इच्छा कूट-कूटकर भरी हुई थी। इसके साथ-साथ अपने देश के नौजवानों को प्रशिक्षित करने का जज्बा भी। इसी विचार के तहत उन्होंने सन् 1892 से देश के योग्य नौजवानों को उच्च शिक्षा के लिए स्कॉलरशिप देकर विदेश भेजना शुरू कर दिया। जब इंडियन सिविल सर्विस (आज के इंडियन एडमिनिस्ट्रेटिव सर्विस के समतुल्य) को अंग्रेजों ने भारतवासियों की भरती के लिए खोल दिया तो उनकी यह दिली इच्छा थी कि ज्यादा-से-ज्यादा भारतीय इसमें आएँ। अतः उन्होंने इसके लिए भी इच्छुक लोगों को स्कॉलरशिप देना शुरू किया। सन् 1924 में एक सर्वे से यह स्पष्ट हुआ कि उस समय के प्रत्येक 5 भारतीय आई.सी.एस. में 1 टाटा स्कॉलर था। जे.एन. टाटा इंडोमेंट फंड से लाभान्वित तत्कालीन कुछ लोगों में वायसराय की कार्यकारिणी के सदस्य जे.सी. कोयाजी, चीफ जस्टिस बॉम्बे हाई कोर्ट बी.एन. राव, डॉ. जीवराज एन. मेहता (बाद में गुजरात के मुख्यमंत्री), डॉ. राजा रमन्ना, के.आर. नारायणन (बाद में भारत के राष्ट्रपति बने), वी. वी. नार्लीकर, जे. वी. नार्लीकर आदि।

□

सर रतन टाटा का योगदान

जमशेद इस मामले में भाग्यशाली थे कि उनके पुत्रों में भी उनके जैसे संस्कार भरे थे। उनके छोटे पुत्र रतन टाटा बहुत ही दयालु तथा उदार हृदय थे और किसी भी व्यक्ति अथवा संस्थान को परेशानी में घिरा पाकर मदद को हमेशा तैयार रहते थे। राष्ट्रीय भावना उनके व्यक्तिगत विचारों के साथ एकाकार हो गई थी। वे विस्तृत एवं संतुलित विचारों के धनी व्यक्ति थे।

दानशीलता या परोपकार तभी संभव है, जब व्यक्ति के अंदर जज्बा हो एवं वह किसी विचार एवं कार्य से गहराई से जुड़ा हो। तभी वह उसके लिए समय देने के साथ-साथ सहयोग करने एवं आर्थिक मदद हेतु तत्पर रहता है। अपने जीवनकाल में सर रतन टाटा ने कई मामलों की पहचान की थी, जहाँ उनके अनुसार सहयोग एवं मदद की दरकार थी।

गोपालकृष्ण गोखले ने जून 1905 में पूना में 'सर्वेंट्स ऑफ इंडिया सोसाइटी' की स्थापना की थी। उनका उद्देश्य था भारत के लिए स्वार्थरहित, बुद्धिमान कार्यकर्ताओं को तैयार करना। ऐसे कार्यकर्ता, जो अपनी जिंदगी देश की सेवा में लगा सकें।

गोपालकृष्ण गोखले के अनुरोध पर उन्होंने उनकी संस्था को हर साल 10,000 रुपए की सहायता दस वर्षों तक के लिए दी। यह राशि संस्था द्वारा समाज के कमजोर तबके के लोगों के कल्याण के लिए खर्च की जानी थी।

इसी प्रकार महात्मा गांधी द्वारा दक्षिण अफ्रीका में चलाए जा रहे असहयोग आंदोलन में भी उन्होंने भरपूर मदद की। यह आंदोलन तत्कालीन ब्रिटिश सरकार की रंगभेद नीति तथा भारतीय समुदाय के लोगों के साथ दुर्व्यवहार के मुद्दे को लेकर चलाया जा रहा था। अन्य राष्ट्रभक्तों की तरह सर रतन की नजर में भी यह

एक जायज एवं सहयोग योग्य आंदोलन था। इसके खिलाफ ब्रिटिश सरकार द्वारा दमन आंदोलन जोरों पर था।

महात्मा गांधी द्वारा सहयोग की अपील पर सर रतन ने सन् 1909 से 1913 तक पाँच सालों कुल मिलाकर 1.25 लाख रुपए की धनराशि किस्तों में गांधीजी को भेजी, ताकि वे अपना आंदोलन जारी रख सकें।

गांधीजी ने सर रतन के प्रति अपनी कृतज्ञता प्रकट करते हुए कहा कि उनके इस सहयोग से यह अहसास हुआ है कि भारत अब जाग गया है। उनकी यह मदद हमारे आंदोलन के लिए एक बड़ी ताकत सिद्ध होगी।

सन् 1912 में सर रतन टाटा ने लंदन विश्वविद्यालय को एक ऐसी पीठ स्थापित करने के लिए मदद का प्रस्ताव किया, जो गरीबी के कारणों को खोजने तथा उन्हें दूर करने के सुझाव दे। विश्वविद्यालय द्वारा एक योजना प्रस्तुत की गई। सर रतन टाटा की उस पर स्वीकृति के बाद सन् 1913 में एक चेयर (पीठ) की स्थापना की गई। सर रतन ने 1,400 पौंड सालाना इस परियोजना हेतु तीन वर्षों तक देना स्वीकार किया। सन् 1916 में इसे अगले पाँच वर्षों तक के लिए बढ़ा दिया गया।

सन् 1912 में सर रतन टाटा ने लंदन विश्वविद्यालय को एक ऐसी पीठ स्थापित करने के लिए मदद का प्रस्ताव किया, जो गरीबी के कारणों को खोजने तथा उन्हें दूर करने के सुझाव दे। विश्वविद्यालय द्वारा एक योजना प्रस्तुत की गई। सर रतन टाटा की उस पर स्वीकृति के बाद सन् 1913 में एक चेयर (पीठ) की स्थापना की गई। सर रतन ने 1,400 पौंड सालाना इस परियोजना हेतु तीन वर्षों तक देना स्वीकार किया। सन् 1916 में इसे अगले पाँच वर्षों तक के लिए बढ़ा दिया गया। सर रतन टाटा की मृत्यु के बाद भी उनके नाम से बने ट्रस्ट ने इस पीठ को सन् 1931 तक अनुदान जारी रखा। इन उन्नीस वर्षों में विश्वविद्यालय के कई स्कॉलरों ने विभिन्न व्यवसायों में श्रमिकों की स्थिति पर अनुसंधान कार्य किया और उसे प्रकाशित कराया। आज सर रतन टाटा फाउंडेशन, लंदन स्कूल ऑफ इकोनॉमिक्स में एक स्थायी संस्थान है।

सर रतन ने पाटलिपुत्र के पुरातात्त्विक खनन की परियोजना को कार्यरूप देने के लिए सन् 1913 से 1917 के बीच 75,000 रुपए का आर्थिक अनुदान दिया। इस खुदाई के फलस्वरूप कई पुरातात्त्विक महत्त्व की वस्तुएँ सामने आईं। प्राप्त

वस्तुएँ पटना के संग्रहालय में प्रदर्शित की गई हैं। यह उनका राष्ट्रीय गौरव को सामने लाने का असीम आग्रह था।

सर रतन टाटा कला एवं संस्कृति के भी कद्रदान थे। वे एक उत्साही यात्री भी थे, जिन्होंने देश-विदेश में कई जगहों की यात्रा की थी। अपनी इन यात्राओं के दौरान उन्होंने कला एवं सांस्कृतिक महत्त्व की अनेक वस्तुएँ अपने पास इकट्ठा कीं। सन् 1919 में इस कलेक्शन की कीमत 5 लाख रुपए आँकी गई थी। उनकी मृत्यु के पश्चात् उनकी वसीयत के अनुसार यह संपूर्ण संग्रह सन् 1921 में प्रिंस ऑफ वेल्स म्यूजियम को हस्तांतरित कर दिया गया, जहाँ यह आज भी प्रदर्शित है।

यह तो सर रतन के सामाजिक सरोकारों की पूर्ति की एक बानगी भर है। अपने जीवन-काल में उन्होंने परोपकार के अनेक कार्य किए। इनमें बाढ़, अकाल, अग्निकांड, भूकंप आदि आपदाओं के पीड़ितों को मदद तथा अस्पतालों, स्मारकों, स्कूलों एवं अन्य कई सामाजिक उपयोग के संस्थानों आदि को समय-समय पर सहायता शामिल है।

ट्रस्ट फंड का किस तरह उपयोग किया जाए, इस बारे में उनका दृष्टिकोण काफी स्पष्ट था। सन् 1913 में उन्होंने इसकी एक रूपरेखा सामने रखी थी। उसके अनुसार शिक्षा, शिक्षण तथा उद्योग के सभी क्षेत्र इसके दायरे में थे तथा जनसामान्य के काम की सभी चीजें इसमें शामिल थीं। सामाजिक, आर्थिक एवं राजनीतिक पूर्ति हेतु सक्षम और योग्य व्यक्तियों का मामले की तह तक जाने हेतु नियोजन इसकी एक अन्य विशिष्टता थी। इसके साथ ही वह किसी योजना एवं प्रयोग को तभी समर्थन देने के हामी थे, जबकि उसके बारे में सावधानीपूर्वक सभी पक्षों पर विचार कर उसे तैयार किया गया हो।

□

सर रतन टाटा ट्रस्ट

सन् 1918 में सर रतन टाटा की मृत्यु के बाद 80 लाख रुपए से सर रतन टाटा ट्रस्ट की स्थापना की गई। यह भारत के सबसे पुराने अनुदानकर्ताओं में से एक है। उनकी मृत्यु के बाद उनके द्वारा किए जा रहे जन-कल्याणकारी कार्यों को उनके नाम से गठित ट्रस्ट द्वारा जारी रखा गया।

सन् 1995 में रतन टाटा के नेतृत्व में सर रतन टाटा ट्रस्ट के कार्यकलापों हेतु 1995 से 2000 तक के लिए एक रणनीति तैयार की गई। इसमें पारंपरिक कल्याणकारी कार्यों के परे जाकर ऐसा कुछ करना था, जिससे राष्ट्रीय विकास हेतु इन कल्याणकारी कार्यों को नियोजित किया जा सके।

इसके लिए अनुदान प्रदान करते हेतु निम्न क्षेत्रों पर ध्यान दिए जाने का निर्णय किया गया—

- ग्रामीण जीवनयापन एवं सामुदायिक क्षेत्र
- शिक्षा
- स्वास्थ्य
- कला एवं संस्कृति
- सार्वजनिक पहल।

इसके तहत वर्ष 2000-2001 के लिए लगभग 65 नए अनुदान स्वीकृत किए गए और ट्रस्ट ने विभिन्न कार्यों हेतु लगभग 16 करोड़ रुपए के अनुदान स्वीकृत किए। यह मात्र एक उदाहरण है। बाद के वर्षों में मदद दी जानेवाली योजनाओं तथा उसके मौद्रिक आकार में वृद्धि होती गई।

रतन टाटा द्वारा नई रणनीति की शुरुआत के बाद ग्रामीण गरीबों तथा ग्रामीण समुदाय के जीवनयापन का स्तर उन्नत करने के कार्यक्रमों को ट्रस्ट प्रमुखता से मदद मुहैया करा रहा है। इसके तहत निम्न क्षेत्रों पर विशेष ध्यान दिया जा रहा है—

- कृषि इतर कार्य, विशेषकर महिला समूहों को मदद
- ग्रामीण समुदाय
- प्राकृतिक आपदाओं से पीड़ित समुदायों को राहत
- ग्रामीण क्षेत्र में प्रमुख समस्याओं पर अनुसंधान
- ग्रामीण इलाकों में मानव संसाधन के विकास पर जोर
- कृषि उत्पादन बढ़ाने हेतु स्रोतों के उचित प्रबंधन पर जोर।

शिक्षा के क्षेत्र में ट्रस्ट दो मुख्य श्रेणियों पर ध्यान केंद्रित किए हुए है— 1. स्कूली शिक्षा, 2. उच्च शिक्षा। इस क्षेत्र में सामुदायिक शिक्षा को समुचित सहयोग करना अनुदानों का उद्‌देश्य रहा है। इस पर भी मुख्य जोर गुणवत्तायुक्त शिक्षा पर है। यह प्रशिक्षण द्वारा अध्यापकों के ज्ञान का स्तर बढ़ाकर तथा कक्षाओं में दी जा रही शिक्षा पर पर्याप्त ध्यान देकर इसे हासिल करने का प्रयास है। बच्चों को स्कूलों में बनाए रखते हेतु स्कूल के बाहर भी विभिन्न कार्यक्रमों को मदद पहुँचाई जा रही है। मूल्य आधारित शिक्षा पर भी विशेष ध्यान दिया जा रहा है।

शिक्षा के क्षेत्र में ट्रस्ट दो मुख्य श्रेणियों पर ध्यान केंद्रित किए हुए है— 1. स्कूली शिक्षा, 2. उच्च शिक्षा। इस क्षेत्र में सामुदायिक शिक्षा को समुचित सहयोग करना अनुदानों का उद्‌देश्य रहा है। इस पर भी मुख्य जोर गुणवत्तायुक्त शिक्षा पर है। यह प्रशिक्षण द्वारा अध्यापकों के ज्ञान का स्तर बढ़ाकर तथा कक्षाओं में दी जा रही शिक्षा पर पर्याप्त ध्यान देकर इसे हासिल करने का प्रयास है।

स्वास्थ्य के क्षेत्र में समुदाय आधारित स्वास्थ्य कार्यक्रमों को ट्रस्ट मदद कर रहा है। इस हेतु सार्वजनिक एवं व्यक्तिगत संयुक्त उपक्रमों को सहयोग तथा सार्वजनिक स्वास्थ्य से जुड़े व्यवसायियों का एक कार्यकर्ता संगठन विकसित करने पर भी ध्यान दिया जा रहा है।

सर रतन टाटा ट्रस्ट द्वारा पुरातात्त्विक महत्त्व की चीजों की सुरक्षा एवं संरक्षा हेतु कला क्षेत्र को विभिन्न प्रकार के अनुदान दिए जा रहे हैं।

ट्रस्ट ऐसे कार्यक्रमों की भी मदद कर रहा है, जिनमें बदलते हुए सामाजिक बदलाव के अनुरूप पुरुष एवं महिला दोनों वर्गों के लोगों को सक्षम बनाया जा रहा है।

कुछ चुने हुए क्षेत्रों में कार्यरत संस्थाओं को भी ट्रस्ट द्वारा अनुदान दिया जा

रहा है। अनुदान की शर्त केवल इतनी है कि उस कार्य का समाज पर वांछित प्रभाव हो या वह किसी क्षेत्र में महत्त्वपूर्ण प्रकृति का कार्य हो।

संस्थानों के साथ-साथ ट्रस्ट वैयक्तिक लोगों एवं छोटे संस्थानों को भी अनुदान दे रहा है। यह कार्य 'सर रतन टाटा स्माल ग्रांट्स प्रोग्राम' द्वारा किया जा रहा है। इसमें मुख्यतया कल्याणकारी कार्यों में लगी छोटी-छोटी संस्थाओं तथा शैक्षिक एवं स्वास्थ्य उद्देश्यों के लिए कार्य कर रहे लोगों को अनुदान दिया जाता है।

□

सर दोराबजी टाटा ट्रस्ट

सर दोराबजी टाटा ट्रस्ट की स्थापना सन् 1932 में जमशेदजी टाटा के बड़े पुत्र दोराबजी ने की थी। दोराबजी ने अपनी मृत्यु से कुछ समय पूर्व अपनी संपूर्ण संपत्ति, जो उस समय 1 करोड़ रुपए थी, इस ट्रस्ट को वसीयत कर दी थी। इसमें उनके टाटा संस में नियोजित महत्त्वपूर्ण शेयर भी थे।

सर रतन टाटा ट्रस्ट, सर दोराबजी टाटा ट्रस्ट तथा अन्य संबंधित ट्रस्टों की कुल मिलाकर लगभग 66 प्रतिशत शेयर ग्रुप की होल्डिंग कंपनी टाटा संस में है।

यद्यपि सर दोराबजी अपने पिता के ऊँचे सपनों को साकार करने में अधिकतर समय तक जुटे रहे थे, फिर भी उन्होंने लोक-कल्याणकारी कार्यों के लिए समय निकाला। मृत्यु से तीन माह पूर्व उन्होंने जिन दो ट्रस्टों की स्थापना की थी, उनमें एक था लेडी टाटा मेमोरियल ट्रस्ट। यह अपेक्षाकृत छोटे स्तर का था और प्रमुखत: ल्यूकेमिया के क्षेत्र में रिसर्च के लिए था। दूसरा सर दोराबजी टाटा ट्रस्ट बड़े स्तर का था। इस ट्रस्ट की उदारता से ही भारत के कुछ प्रमुख संस्थान स्थापित हुए, जैसे—

1. टाटा इंस्टीट्यूट ऑफ सोशल साइंसेज (1936)
2. टाटा मेमोरियल हॉस्पिटल (1941)
3. टाटा इंस्टीट्यूट ऑफ फंडामेंटल रिसर्च (1945)
4. नेशनल सेंटर फॉर परफॉर्मिंग आर्ट (1966)।

जे.आर.डी. की मृत्यु के पश्चात् उनकी इच्छा का सम्मान करते हुए दोराबजी टाटा ट्रस्ट ने एम. एस. स्वामीनाथन रिसर्च फाउंडेशन को जे.आर.डी. टाटा सेंटर फॉर इकोटेक्नोलॉजी स्थापित करने के लिए मदद की।

जमशेदजी टाटा की तीव्र इच्छा थी कि 'स्कूल ऑफ मेडिकल रिसर्च इनटु ट्रॉपिकल मेडिसिन' की स्थापना की जाए। दोराबजी उनकी इच्छा का सम्मान करने के लिए सन् 1912 में इसकी स्थापना चाहते थे; परंतु किन्हीं कारणोंवश यह तब

संभव नहीं हो सका। सन् 1999 में दोनों की इच्छा तब पूरी हुई, जब इंडियन इंस्टीट्यूट ऑफ साइंस, बंगलौर में सर दोराबजी टाटा सेंटर फॉर रिसर्च इन ट्रॉपिकल डिजीजेस की स्थापना हुई। सन् 2004 में स्कूल ऑफ रूरल डेवलपमेंट, तुलजापुर तथा टाटा मेडिकल सेंटर, कलकत्ता की स्थापना में ट्रस्ट ने योगदान किया। अपनी शुरुआत से लेकर सन् 2006 तक ट्रस्ट द्वारा लगभग 380 करोड़ रुपए बाँटे गए और यह सब रचनात्मक कार्यों में सहयोग के लिए दिया गया।

इसके अलावा भी टाटा ट्रस्ट देश के विभिन्न हिस्सों में कई क्षेत्रों में अपना योगदान दे रहे हैं। टाटा ट्रस्टों की श्रृंखला उनके कार्य एवं कार्यक्षेत्रों का दिग्दर्शन कराने को पर्याप्त होगी। ये इस प्रकार हैं—

- सर रतन टाटा ट्रस्ट
- सर दोराबजी टाटा ट्रस्ट
- जमशेदजी टाटा ट्रस्ट
- जे.एन. टाटा इंडोमेंट
- जे.आर.डी. टाटा ट्रस्ट
- द जे.आर.डी. ऐंड थेल्मा जे. टाटा ट्रस्ट
- लेडी मेहरबाई डी. टाटा एजुकेशन ट्रस्ट
- लेडी टाटा मेमोरियल ट्रस्ट
- आर. डी. टाटा ट्रस्ट

- एम.के. टाटा ट्रस्ट
- टाटा सोशल वेलफेयर ट्रस्ट
- टाटा एजुकेशन ट्रस्ट।

टाटा ग्रुप की कंपनियाँ भी अपनी अवस्थिति के आस-पास का विकास करने और लोगों के जीवन को सुखमय बनाने में अपने-अपने स्तर से जुटी हुई हैं। इतना ही नहीं, वे अपने क्षेत्र के बाहर देश के दूर-दराज के इलाकों में भी जन-कल्याण के कार्यों में निमग्न हैं।

□

आपदाओं में राहत कार्य

प्राकृतिक आपदाओं में राहत कार्य की टाटा परंपरा सन् 1934 में क्वेटा में आए भूकंप से शुरू होती है। टाटा द्वारा किए जानेवाले राहत कार्यों की विशेषता यह है कि चाहे राहत कार्य हो या पुनर्वास का, वे सारा कार्य खुद ही अपने संसाधनों से व अपने लोगों के मारफत कराते हैं।

एक उदाहरण पर्याप्त होगा। सन् 1993 में सुबह लातूर में बड़े जोर का भूकंप आया और उसी दिन शाम को राहत कार्य हेतु एक सर्वोच्च मीटिंग बुलाई गई थी; लेकिन मीटिंग से पूर्व ही टाटा कर्मचारियों के कई ग्रुप अपने-अपने स्तर से राहत हेतु पर्याप्त साज-सज्जा एवं सामग्री के साथ भूकंप-प्रभावित क्षेत्र के लोगों की मदद को प्रस्थान कर चुके थे। ऐसा जज्बा अन्यत्र कहाँ देखने को मिल सकता है? अन्य कर्मचारियों ने रक्तदान करके पीड़ितों हेतु भेजा। इस अवसर पर देश के पूर्व भाग हेतु गठित टाटा रिलीफ कमेटी ने अपने पश्चिमी भाग की रिलीफ कमेटी की तरह ही भूकंप-पीड़ितों की मदद की। पश्चिमी क्षेत्र की राहत समिति ने राहत एवं पुनर्वास की अनेक योजनाएँ अपने हाथ में लीं तथा उन्हें पूरा किया। इनमें रहने के लिए रिहाइश का निर्माण, स्कूलों की स्थापना एवं स्वास्थ्य केंद्रों की स्थापना मुख्य है। सर दोराबजी टाटा ट्रस्ट ने जल सुविधाओं की स्थापना तथा कृषि एवं पशुओं की स्थिति में सुधार का कार्य अपने हाथ में लिया। अपने टाटा रिलीफ कमेटी के राहत एवं पुनर्वास डिवीजन के मारफत रतन टाटा ने कच्छ के भूकंप-प्रभावित रापड़ तालुका में 22 स्कूलों का निर्माण करके गुजरात सरकार को प्रदान किया। ये स्कूल भवन इंजीनियरिंग के उत्कृष्ट मानदंडों के अनुरूप बनाए गए हैं तथा भूकंपरोधी हैं।

कारगिल युद्ध के समय भी टाटा ने मात्र चेक द्वारा राशि देकर अपने कर्तव्य की इतिश्री करने के बजाय अपनी परिपाटी के अनुसार क्रियात्मक सहयोग का रास्ता चुना। टाटा ने रक्षा मंत्रालय से विचार-विमर्श किया तथा रक्षा मंत्रालय में

एक स्पेशल टाटा डिफेंस वेलफेयर कॉर्प्स फंड की स्थापना की। इसमें टाटा ग्रुप की कंपनियों तथा कर्मचारियों ने 12 करोड़ रुपए की राशि प्रदान की।

यह राशि न केवल कारगिल में शहीद या घायल या उनके परिवार के लोगों की मदद के लिए थी बल्कि इससे पूर्व के अन्य युद्धों एवं संघर्ष से पीड़ितों को भी इससे मदद पहुँचाई जानी थी। सुरक्षा सेनाओं के उन जवानों जो श्रीलंका संघर्ष, काउंटर इंसर्जेंसी, शांति स्थापना कार्य एवं युद्ध में अपंग या शहीदों की विधवाओं, उनके बच्चों को उच्च शिक्षा हेतु अनुदान के लिए भी था। प्रत्येक छह महीने में टाटा एवं सुरक्षा सेना के अधिकारी आवश्यक आवंटन हेतु बैठक करते हैं।

यह राशि न केवल कारगिल में शहीद या घायल या उनके परिवार के लोगों की मदद के लिए थी बल्कि इससे पूर्व के अन्य युद्धों एवं संघर्ष से पीड़ितों को भी इससे मदद पहुँचाई जानी थी। सुरक्षा सेनाओं के उन जवानों जो श्रीलंका संघर्ष, काउंटर इंसर्जेंसी, शांति स्थापना कार्य एवं युद्ध में अपंग या शहीदों की विधवाओं, उनके बच्चों को उच्च शिक्षा हेतु अनुदान के लिए भी था।

टाटा ग्रुप के बहूद्देश्यीय ट्रस्टों के चेयरमैन रतन टाटा हैं। टाटा के परोपकार के लिए रचनात्मक कार्य का विचार उस परंपरागत दातव्य संस्थाओं के लिए एक क्रांतिकार विचार है, जिनका कार्य सिर्फ दान देना मात्र था। आज 'टाटा परिवार' देश के कुछ गिने-चुने लोकोपकार में रत परिवार है, जो देश में वैयक्तिक, स्थानीय तथा राष्ट्रीय स्तर पर समस्याओं से जूझते हुए देश के विकास में रत है। देश के विकास में हाथ बँटाने के साथ-साथ रतन टाटा जन-कल्याणकारी तमाम कार्यों से जुड़े हुए हैं।

□

नैनो : जनता की कार का निर्माण

संसार की सबसे सस्ती कार परियोजना का शुभारंभ सन् 2003 में टाटा मोटर्स के चेयरमैन रतन टाटा के अधीन शुरू हुआ। रतन टाटा को यह प्रेरणा उन लाखों दुपहिया वाहन चालकों की परेशानी देखकर मिली, जो महँगी कारें नहीं खरीद सकते। अत: अपने परिवार के तीन-चार सदस्यों को दुपहिया वाहन में बैठाकर जान हथेली पर रखकर जरूरी यात्राएँ करते हैं। इस तरह वे न केवल अपनी बल्कि अपने पूरे परिवार की जिंदगी जोखिम में डालकर अपना सफर पूरा करते हैं। उनकी परेशानी कम करने के लिए उनके बजट के भीतर एक कार निर्मित कर उन्हें देने का रतन टाटा का सपना था। कम बजट की कार संभव बनाने में इसके डिजाइन संबंधी मापदंडों को पूरा करने हेतु टाटा ने निर्माण प्रक्रिया में आवश्यक

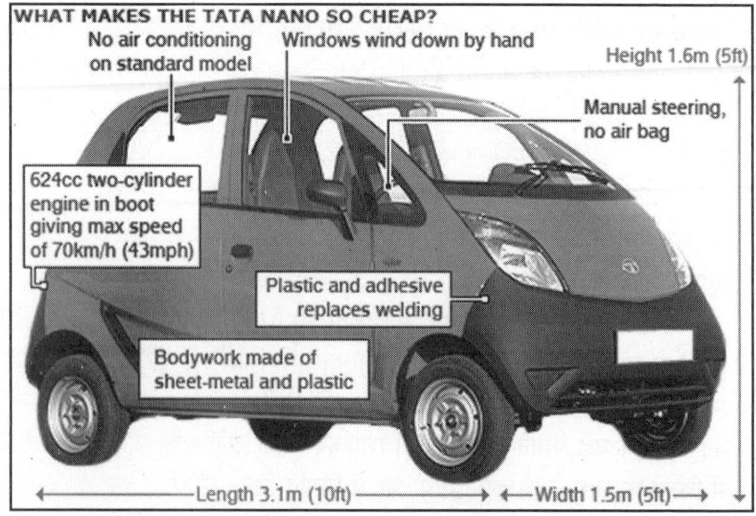

फेर-बदल किया, नवीनता पर जोर देते हुए आपूर्तिकर्ताओं से डिजाइन संबंधी नई कल्पनाएँ साकार करने को कहा। कार का डिजाइन रतन टाटा द्वारा सुझाए गए परिवर्तनों को ध्यान में रखते हुए तैयार किया गया। मारुति-800 की तुलना में नैनो के अंदर 21 प्रतिशत ज्यादा जगह है। नैनो के बाजार में प्रवेश करने से भारत के कार व्यवसाय का 65 प्रतिशत तक विस्तार होगा, ऐसा क्रिसिल रेटिंग एजेंसी का अनुमान है। टाटा मोटर ने नैनो की शुरुआती कीमत 1,00,000 रुपए रखी है, इसीलिए इसे लखटकिया कार भी कहा गया है। यह दुनिया में सबसे कम कीमत की कार है। इसको सालाना 1 लाख रुपए की आयवाले परिवार भी रख सकते हैं। इस अर्थ में यह वास्तव में जनता की कार है।

टाटा मोटर्स ने नैनो का मॉडल 9वें ऑटो एक्सपो में 10 जनवरी, 2008 को प्रदर्शित किया। अपेक्षाकृत काफी कम कीमत तथा अन्य विशेषताओं के कारण यह काफी आकर्षण का केंद्र रही।

टाटा नैनो एक छोटी चार सीटवाली सिटी कार है। इसका इंजन पिछले हिस्से में स्थापित किया गया है। कम कीमत एवं पर्यावरण सापेक्ष विशेषताओं के कारण इसकी काफी सराहना की गई है। यह विचार प्रमुख है कि टाटा ग्रुप नैनो का उत्पादन बड़े पैमाने पर करेगा, विशेषकर इसके इलेक्ट्रिक मॉडल का। भारत में बिक्री के साथ-साथ इसे दुनिया भर में निर्यात किया जाएगा। कार का उत्पादन

एक स्टैंडर्ड तथा दो लक्जरी मॉडल्स में किया जाएगा। दुनिया की सबसे सस्ती कार निर्मित करने की यह परियोजना टाटा मोटर्स के चेयरमैन रतन टाटा की पहल पर सन् 2003 में शुरू हुई। सन् 2005 में टाटा मोटर्स द्वारा एक मिनी ट्रक के उत्पादन में मिली सफलता ने भी नैनो विकसित करने के लिए प्रेरणा दी।

टाटा का शुरुआती लक्ष्य दुनिया की सबसे कम खर्चीली कार का उत्पादन था, जिसकी शुरुआती कीमत रुपए में 1,00,000 तथा अमेरिकी डॉलर में 2,300 डॉलर थी। यह कीमत इस तथ्य के बावजूद बनी रही, जबकि कार विकसित करने के पाँच वर्षों के दौरान ही मैटेरियल की कीमत में 13 से 23 प्रतिशत की बढ़ोतरी हो चुकी थी।

टाटा नैनो के इलेक्ट्रिक मॉडल की विदेशों में भी काफी माँग होने की संभावना है। डायरेक्टर जनरल फॉर एनर्जी एंड ट्रांसपोर्ट, यूरोपियन कमीशन मेथियास रूट का विचार है कि अन्य देशों की तरह संपूर्ण यूरोप भी टाटा नैनो के व्यावसायिक विपणन की उत्सुकता से प्रतीक्षा कर रहा है। लेकिन कार्बन डाइऑक्साइड के पर्यावरण पर पड़नेवाले विपरीत प्रभाव के मद्देनजर नैनो का इलेक्ट्रिक मॉडल विकसित करना ज्यादा उपयुक्त होगा।

टाटा नैनो के इलेक्ट्रिक मॉडल की विदेशों में भी काफी माँग होने की संभावना है। डायरेक्टर जनरल फॉर एनर्जी एण्ड ट्रांसपोर्ट, यूरोपियन कमीशन मेथियास रूट का विचार है कि अन्य देशों की तरह संपूर्ण यूरोप भी टाटा नैनो के व्यावसायिक विपणन की उत्सुकता से प्रतीक्षा कर रहा है। लेकिन कार्बन डाइऑक्साइड के पर्यावरण पर पड़नेवाले विपरीत प्रभाव के मद्देनजर नैनो का इलेक्ट्रिक मॉडल विकसित करना ज्यादा उपयुक्त होगा।

नैनो परियोजना का शुभारंभ

दरअसल नैनो परियोजना की शुरुआत सन् 2003 में तब हुई जब टाटा मोटर्स ने अपने चार सदस्यों की एक टीम बनाई और उसे एक नई परियोजना पूरा करने के लिए कहा। यह परियोजना थी चार पहियोंवाले एक नए यातायात वाहन का विकास। तब इसे कार नाम भी नहीं दिया गया था, सिर्फ इतना कहा गया कि इसकी कीमत 1,00,000 रुपए होगी। उस समय सबसे कम कीमत की कार का मूल्य लगभग 2.5 लाख रुपए था। यह भी स्पष्ट किया गया था कि ग्राहकों के विश्वास, सुरक्षा एवं पर्यावरणीय आवश्यकताओं का इसमें पूरा ध्यान रखा जाना है।

डिजाइन टीम ने कई रूपरेखाओं पर विचार किया तथा वाहन निर्माण के वैकल्पिक तरीकों पर ध्यान दिया एवं तत्कालीन छोटी कारों से कुछ निष्कर्ष निकालने का प्रयास किया।

टीम ने कई विकल्पों एवं स्थितियों पर विचार किया, जैसे—धातु की जगह प्लास्टिक का उपयोग, अंदरूनी जगह में कमी या कम शक्ति के इंजन का प्रयोग। ध्यान का केंद्र तब सिर्फ कम कीमत रखना था। विभिन्न तकनीकें आजमाई गईं। लेकिन एक प्रश्न अधूरा रह जाता कि ग्राहक कितने कम-से-कम पर संतुष्ट होगा। जब यह निश्चित हो गया कि उपयुक्त कार के विकास के लिए ऑटोरिक्शावाला तौर-तरीका काम नहीं आएगा तो अन्य विचार सामने आए, जैसे—दरवाजा-रहित जहाँ लोहे का जँगला लगा हो, कपड़े की छत, प्लास्टिक के दरवाजे आदि।

लेकिन रतन टाटा इनमें से किसी सुझाव पर सहमत नहीं हुए। उनका स्पष्ट विचार था कि कम कीमत पर पूरी कार चाहिए, न कि कार जैसा कोई ढाँचा।

कई विचारों पर कार्य किया गया। अलग प्रकार के आकार में हेड लाइट, कार का सामने के भाग को एक बच्चे का जैसा लुक देने का—छोटे चेहरे में बड़ी आँखें आदि। लेकिन रतन टाटा ने कुछ अलग कर दिखाने को कहा। डिजाइन में बार-बार का बदलाव टीम के लिए कष्टकारी था।

नैनो में न्यू इंडिका का एक फीचर जोड़ा गया। इससे नैनो के फ्रंट वॉल्यूम में बदलाव आ गया और इसके साथ ही कार के लुक में एक उल्लेखनीय परिवर्तन नजर आने लगा।

कार के विकास में यह एक आनंददायक मोड़ था, साथ ही एक दिशाकारक भी। इस बात को ध्यान में रखते हुए कि कार बड़ी भी दिखे, कोनों पर पहिए कार को प्रबलता प्रदान करते हुए सड़क पर एक आकर्षक लुक दें—एक संपूर्ण आकार विकसित किया गया। यहाँ तक कि ग्लास के निचले कोने के आकार एवं स्थान पर भी चर्चा की गई। इन सब मामलों में रतन टाटा से विचार-विमर्श होता रहा।

जुलाई 2007 तक एक मॉडल करीब-करीब तय हो गया तथा प्रारंभिक स्तर पर उस पर कार्य करने का विचार बना लिया गया था। तभी टाटा को कार के सामने का बाहरी हिस्सा कुछ अटपटा-सा लगा, इसलिए उसे कुछ बढ़ाना तय हुआ। इसी वर्ष अगस्त के अंत में नया डिजाइन बनाकर रतन टाटा के सामने प्रस्तुत किया गया, जिसे उन्होंने तत्काल स्वीकृति दे दी।

अब बारी थी कार के आंतरिक डिजाइन की। पारंपरिक डिजाइनों के अपेक्षाकृत यहाँ परिवर्तनों की पर्याप्त गुंजाइश थी। यहाँ भी सवाल कम लागत का था, लेकिन जहाँ तक इसे आरामदेह बनाने की बात थी, इस पर किसी तरह का विवाद नहीं था। मुख्य कार्य ग्राहक की संतुष्टि के साथ-साथ बाजार के अनुरूप कार की लागत का संतुलन बैठाना था। इसके साथ-साथ कार के अंदर की जगह का इस तरह उपयोग करना था कि वह आकर्षक लगे। इसके लिए कई विचार सामने आए। उनमें से उचित सुझावों पर पर्याप्त विचार-विमर्श के बाद उनका कार्यान्वयन किया गया और कार के आंतरिक हिस्से को एक आकर्षक आकार दिया जा सका।

अब बारी थी कार के आंतरिक डिजाइन की। पारंपरिक डिजाइनों के अपेक्षाकृत यहाँ परिवर्तनों की पर्याप्त गुंजाइश थी। यहाँ भी सवाल कम लागत का था, लेकिन जहाँ तक इसे आरामदेह बनाने की बात थी, इस पर किसी तरह का विवाद नहीं था। मुख्य कार्य ग्राहक की संतुष्टि के साथ-साथ बाजार के अनुरूप कार की लागत का संतुलन बैठाना था। इसके साथ-साथ कार के अंदर की जगह का इस तरह उपयोग करना था कि वह आकर्षक लगे।

कार निर्माण के प्रत्येक कदम पर तरह-तरह की दिक्कतें सामने आईं, क्योंकि यह निर्माण पारंपरिक ऑटो इंजीनियरिंग से हटकर था, जैसे—इंजन को अगले हिस्से के बजाय पिछले हिस्से में स्थापित करना। यह एक अनोखा विचार था। इससे कार के अंदर जगह बढ़ गई, लेकिन संतुलन की समस्या आड़े आ गई। इसके लिए तदनुरूप कुछ सेटअप्स को आगे लाना पड़ा। संबंधित 'सेटअप्स' के

साथ उनका सामंजस्य बिठाया गया तथा फिर ट्रायल द्वारा उसकी गुणवत्ता व क्षमता की जाँच की गई। कोई कमी पाए जाने पर फिर सुधार एवं ट्रायल हुए। निर्धारित मापदंडों पर खरा उतरने के लिए फ्लोर चैनल को दस बार परिवर्तित किया गया। इसी प्रकार डैशबोर्ड एवं सीट्स में भी लगभग इतनी ही बार बदलाव किए गए। लेकिन टीम अपने कार्य में पूरे मनोयोग से जुटी रही, क्योंकि कुछ नया एवं अनोखा कर रहे होने का अहसास एवं रतन टाटा की प्रेरणा और निर्देशन उसके साथ था।

दरअसल कार के इंजन को पिछले हिस्से में स्थापित करने का विचार डिजाइन प्रक्रिया के लिए क्रांतिकारी सिद्ध हुआ। सिटी कार में लगने योग्य एक 35 हार्स पावर के समुचित इंजन हेतु संसाधन जुटानेवाली टीम दुनिया के तमाम देशों में हो आई। लेकिन ऐसा कोई इंजन नहीं मिला, जो कार के बजट के भीतर हो। फिर स्वयं टाटा मोटर्स द्वारा निर्मित एक इंजन का परीक्षण किया गया, जिसे नैनो के लिए उपयुक्त नहीं पाया गया। अंततः फिएट बॉश इलेक्ट्रोनिक्स कंपनी का इंजन नैनो हेतु परीक्षण में खरा उतरा और उसे स्वीकृत कर लिया गया।

दरअसल कार के इंजन को पिछले हिस्से में स्थापित करने का विचार डिजाइन प्रक्रिया के लिए क्रांतिकारी सिद्ध हुआ। सिटी कार में लगने योग्य एक 35 हार्स पावर के समुचित इंजन हेतु संसाधन जुटानेवाली टीम दुनिया के तमाम देशों में हो आई। लेकिन ऐसा कोई इंजन नहीं मिला, जो कार के बजट के भीतर हो। फिर स्वयं टाटा मोटर्स द्वारा निर्मित एक इंजन का परीक्षण किया गया, जिसे नैनो के लिए उपयुक्त नहीं पाया गया।

पिछली सीटों के पीछे इंजन, गियर बॉक्स एवं एक्जॉस्ट सिस्टम स्थापित करना मुश्किल भरा काम था। इसे इंजीनियरिंग टीम ने कुशलता से पूरा कर लिया। इंजीनियरिंग टीम की इस बात के लिए भी सराहना की जानी चाहिए कि उसने नैनो के लिए कई नई संरचनाएँ रचीं और स्थापित कीं।

डिजाइन प्रक्रिया पूरी होने के बाद अगले कुछ महीनों में एक उत्पादन टीम का गठन किया। यह कार्य बड़े करीने से किया गया। इसमें टाटा मोटर्स के अलावा बाहर से भी लोग लिये गए। इनमें आई.आई.टी., खडगपुर एवं जाधवपुर विश्वविद्यालय के ग्रेजुएट ट्रेनी इंजीनियर भी थे। कुल मिलाकर यह एक मिली-जुली टीम थी, जो अनुभव एवं युवा उत्साह का संगम थी। इससे अनुभव के साथ ताजा विचारों का संगम हुआ एवं एक नई कार्य संस्कृति का सूत्रपात हुआ।

कार निर्माण प्रक्रिया एक दुरूह प्रक्रिया है। इसे इक्का-दुक्का लोगों या कंपनियों के अपने ही बलबूते कर पाना आसान नहीं है। इसलिए इसमें अन्य कंपनियाँ तथा वेंडर्स की भूमिका अहम होती है, जो कार निर्माण में जरूरी तरह-तरह के उत्पाद तैयार करके उनकी आपूर्ति करते हैं। पारंपरिक प्रक्रिया एवं स्पेसीफिकेशंस के अनुरूप कार्य करना या करवा लेना आसान होता है, लेकिन नैनो जैसी नई संकल्पना की कार हेतु वेंडर्स का एक नया पूल तैयार करना या पुरानों को कार की जरूरतों के अनुरूप उत्पाद तैयार करने के लिए राजी करना थोड़ा मुश्किल कार्य था, जिसे उनके साथ संवाद कायम करके जरूरी तकनीक, डिजाइन एवं निर्देशन देकर यह समस्या सुलझाई गई। अतः नैनो उत्पादन में सहयोग देने के लिए लगभग 100 वेंडर्स का एक ग्रुप तैयार किया गया, जो जरूरत के मुताबिक उत्पाद तैयार एवं उनकी आपूर्ति कर नैनो उत्पादन प्रक्रिया का अंश बन सके तथा बड़े पैमाने पर कार का उत्पादन संभव हो सके।

□

सिंगूर भूमि अधिग्रहण विवाद

टाटा मोटर्स ने नैनो परियोजना की स्थापना के लिए पश्चिम बंगाल को चुना। इससे पश्चिम बंगाल में उद्योगों की स्थापना का मार्ग प्रशस्त होने के साथ-साथ काफी लोगों को रोजगार मिलता। लोगों की आय में वृद्धि होती, क्योंकि नैनो परियोजना की सफलता से उत्साहित होकर अन्य काफी उद्योगों के वहाँ स्थापित होने की संभावना थी। रोजगार मिलने से ग्रामीण तबके के बहुत से लोगों की गरीबी दूर होती।

फैक्टरी की स्थापना के लिए भूमि प. बंगाल के सिंगूर क्षेत्र में अधिगृहीत की गई। भूमि अधिग्रहण की यह प्रक्रिया सहीं ढंग से चली तथा भू-स्वामी भी क्षतिपूर्ति की राशि को लेकर संतुष्ट थे। लेकिन इसी प्रक्रिया के दौरान भू-स्वामियों का एक वर्ग, जो वहाँ नहीं रहता था, कुछ अनपढ़ किसानों एवं एक राजनीतिक दल तृणमूल कांग्रेस के कार्यकर्ताओं ने इस क्षतिपूर्ति राशि को स्वीकार करने से इनकार कर एक विवाद खड़ा कर दिया। राजनीति की बिसात बिछ जाने से तमाम नए आयाम इस विवाद को हवा देने लगे। किसी ने इसे उपजाऊ कृषि भूमि बताना शुरू कर दिया तो किसी ने कम राशि की क्षतिपूर्ति पर शोरगुल मचाना शुरू कर दिया। कुछ लोगों ने जमीन के अधिग्रहण की वैधता पर सवाल उठा दिए तो कुछ ने इसे जबरदस्ती अधिगृहीत करने का मामला बना दिया।

यद्यपि प. बंगाल सरकार तहेदिल से चाहती थी कि नैनो परियोजना उनके राज्य में लगे। उसने इसके लिए जरूरी वातावरण बनाया एवं लगभग 997 एकड़ भूमि अधिग्रहण की सुविधा प्रदान की।

भूमि अधिग्रहण का मुखर विरोध करने में ममता बनर्जी की तृणमूल कांग्रेस एवं सोशलिस्ट यूनिटी सेंटर सबसे आगे थीं। इनको भरपूर समर्थन दिया नागरिक

एवं मानवाधिकार ग्रुपों, कानूनी संस्थाओं एवं सामाजिक कार्यकर्ताओं ने, जो ऐसे अवसरों की हमेशा ताक में रहते हैं।

विरोध करनेवालों को राज्य में शासक पार्टी सी.पी.आई. (एम) के नेताओं की आलोचनाओं एवं मौखिक चेतावनियों तथा उसके कार्यकर्ताओं द्वारा हाथापाई का सामना करना पड़ा। 'सिंगूर कृषि भूमि बचाओ समिति' के सदस्यों के हाथों राज्य सरकार तथा टाटा मोटर्स के सर्वे अधिकारियों को भारी प्रतिरोध का सामना करना पड़ा।

फलत: राज्य सरकार को भारतीय दंड संहिता की धारा 144 के तहत निषेधाज्ञा जारी करनी पड़ी; लेकिन कलकत्ता उच्च न्यायालय ने इसे अवैध घोषित कर दिया।

परियोजना के लिए निर्धारित भूमि का नियंत्रण सरकार ने अपने हाथ में ले लिया और विरोध प्रदर्शनों के बीच दिसंबर 2006 में तारबाड़ से उसकी घेराबंदी शुरू कर दी। इसके विरोध में ममता बनर्जी ने राज्यव्यापी बंद का आह्वान किया तथा बाद में 25 दिन की भूख हड़ताल शुरू कर दी। उनकी पार्टी के सदस्यों ने विधानसभा में तोड़-फोड़ की। बड़ी संख्या में पुलिस बलों तथा मार्क्सवादी पार्टी के कार्यकर्ताओं ने तारबाड़ के अंदर के क्षेत्र की पहरेदारी शुरू कर दी, लेकिन विरोधी ग्रामीणों तथा अन्य ग्रुपों द्वारा रुक-रुककर इस घेराबंदी पर आक्रमण होते रहे। जनवरी 2007 में आवंटित भूमि पर फैक्टरी स्थापना का कार्य शुरू हुआ। लेकिन प्रतिरोध थमने का नाम नहीं ले रहा था, बल्कि दिन पर दिन उग्र होता गया। इससे परियोजना कार्यक्रम को व्यावहारिक आकार देने का कार्य रुक-सा गया एवं बहुमूल्य समय नष्ट होता रहा।

परियोजना के लिए निर्धारित भूमि का नियंत्रण सरकार ने अपने हाथ में ले लिया और विरोध प्रदर्शनों के बीच दिसंबर 2006 में तारबाड़ से उसकी घेराबंदी शुरू कर दी। इसके विरोध में ममता बनर्जी ने राज्यव्यापी बंद का आह्वान किया तथा बाद में 25 दिन की भूख हड़ताल शुरू कर दी। उनकी पार्टी के सदस्यों ने विधानसभा में तोड़-फोड़ की। बड़ी संख्या में पुलिस बलों तथा मार्क्सवादी पार्टी के कार्यकर्ताओं ने तारबाड़ के अंदर के क्षेत्र की पहरेदारी शुरू कर दी, लेकिन विरोधी ग्रामीणों तथा अन्य ग्रुपों द्वारा रुक-रुककर इस घेराबंदी पर आक्रमण होते रहे।

प. बंगाल में नैनो परियोजना की स्थापना खटाई में पड़ते देख अन्य राज्यों ने

इसे अपने राज्य में खींचने के प्रयास शुरू कर दिए। इसी बीच समझौते के प्रयास हुए और कोई मध्य मार्ग निकालने की कोशिश की गई। लेकिन कोई ऐसा कारगर उपाय सामने नहीं आया, जिससे संपूर्ण परियोजना को एक जगह अमली जामा पहनाया जा सके। दबावों के सामने झुकने के बजाय रतन टाटा ने सिंगूर से हटने का फैसला कर लिया और 2 अक्तूबर, 2008 को इसकी घोषणा भी कर दी।

□

नैनो परियोजना की स्थापना का नया केंद्र साणंद (गुजरात)

पश्चिम बंगाल में काफी समय एवं साधन गँवाने के बाद टाटा ने गुजरात में अहमदाबाद के निकट साणंद में अपनी लखटकिया कार नैनो परियोजना स्थानांतरण करने की घोषणा कर दी। इस परियोजना पर 2,000 करोड़ रुपए खर्च होने थे। लेकिन उसके साथ-साथ समय पर कार की डिलीवरी करने के लिए उसे

फिलहाल किसी अन्य केंद्र से उत्पादित करने का फैसला किया। यह अलग बात है कि इस घोषणा से पहले गुजरात सरकार तथा टाटा प्रतिनिधियों के बीच गुपचुप वार्ता का दौर चला। अंततः राज्य के उद्योग सचिव तथा टाटा मोटर्स के प्रबंध निदेशक के बीच एक सहमति-पत्र पर हस्ताक्षर किए गए। इस समझौते में राज्य के मुख्यमंत्री नरेंद्र मोदी की प्रभावी भूमिका का योगदान भी रहा, जिन्होंने 1,100 एकड़ अच्छी स्थितिवाली भूमि का तेजी से आवंटन सुनिश्चित किया। स्वयं रतन टाटा ने इसके लिए आभार प्रकट किया। टाटा मोटर्स के साथ ही लगभग 60 वेंडरों ने भी नैनो उत्पादन कार्य में सहयोगी की भूमिका अदा करने के लिए साणंद का रुख किया।

अब यह तय हो गया कि टाटा नैनो का बड़े पैमाने पर व्यावसायिक उत्पादन साणंद, गुजरात में लगाई जा रही फैक्टरी से होगा।

इस बीच पंतनगर संयंत्र में अपेक्षाकृत न्यून स्तर पर नैनो का उत्पादन आरंभ हो गया, जहाँ ॲक ट्रक की कुछ उत्पादन लाइनों को नैनो उत्पादन के अनुरूप परिवर्तित किया गया। इसी तरह टाटा मोटर्स के पुणे संयंत्र में भी निर्धारित समय पर बाजार में नैनो का प्रवेश सुनिश्चित करने हेतु कुछ उत्पादन लाइनों पर काम शुरू कर दिया गया।

साणंद संयंत्र की वार्षिक उत्पादन क्षमता 2,50,000 इकाई होगी, जिसे बाद में बढ़ा दिया जाएगा।

नैनो मॉडल भारत मानक-**II, III** एवं **IV** के अनुरूप होगी, जो यूरोपीय मानक **II, III** एवं **IV** के अनुरूप है तथा इसे तीन मॉडलों में मार्केट में उतारा जाना सुनिश्चित हुआ।

□

नैनो का बाजार में प्रवेश

रतन टाटा की टाटा मोटर्स ने सारी चुनौतियों से पार पाते हुए अंततः जुलाई 2009 में नैनो को सड़क पर उतार दिया, जब इसके पहले ग्राहक को कार की चाबी सौंपी गई। नैनो के पहले तीन ग्राहकों में से एक अशोक रघुनाथ को चेयरमैन रतन टाटा ने स्वयं अपने हाथों कार की चाबी सौंपी। यह नैनो एलएक्स मॉडल की

सिल्वर कलर की थी। सिंगूर विवाद के कारण बहुमूल्य समय के नष्ट हो जाने के बावजूद समय पर ग्राहकों को कार सौंपने की प्रक्रिया का शुरू होना नैनो एवं टाटा मोटर्स दोनों के लिए एक शुभ लक्षण था।

नैनो : कुछ तथ्य

तकनीकी तथा अन्य विशेषताएँ

- रीयर व्हील ड्राइव
- टू सिलिंडर 623 सीसी रियर इंजन 33 पी.एस. कार (सिंगल बैलेंसर शॉफ्ट)
- ईंधन खपत 4.55 ली./100 कि.मी. (21.97 कि.मी./लीटर सिटी कंडीशन, सामान्य 20 कि.मी./ली.)
- लंबाई 3.1 मीटर
- ऊँचाई 1.6 मीटर
- चौड़ाई 1.5 मीटर

सेफ्टी : ऑल शीट मेटल बॉडी, इंट्रुजन रेसिस्टेंट्स डोर्स, सीट बेल्ट, ट्यूबलेस टायर्स।

कार ने फुल फ्रंटल क्रैश तथा साइड इंपैक्ट क्रैश मानकों को सफलतापूर्वक पास किया है।

पर्यावरण के अनुकूल : भारत में बनाए जा रहे दुपहिया वाहनों से प्रदूषण का स्तर कम।

उच्च ईंधन क्षमता के कारण कार्बन डाइऑक्साइड के उत्सर्जन में कमी।

मानक स्तर : भारत स्टेज-**III** तथा यूरो-**IV** उत्सर्जन स्तर।

सरकार द्वारा वाहन रोड पर उतारने हेतु निर्धारित सभी मानकों को नैनो ने सफलतापूर्वक पास किया है।

नैनो के तीन मॉडल होंगे—पहला स्टैंडर्ड मॉडल, दो हायर-ऐंड मॉडल्स, जिनमें एयरकंडीशनर फिट होंगे। इन तीनों प्रारंभिक मॉडलों का आरसीएक्स 600 कि.ग्रा. तथा एलएक्स का क्रमशः 615 एवं 635 कि.ग्रा. होगा।

नैनो-यूरोप को सन् 2011 तक बाजार में उतारे जाने की संभावना है।

□

रतन टाटा : सौम्य एवं गरिमामय व्यक्तित्व

रतन टाटा को उनकी सौम्यता एवं विनम्रता के लिए भी जाना जाता है। उनकी गणना विश्व के प्रमुख व्यवसायियों में की जाती है, लेकिन अभिमान उन्हें छू तक नहीं पाया। वे अविवाहित हैं और समस्त टाटा परिवार उनके लिए परिवार जैसा ही है। इस परिवार की साज-सँवार में उन्हें अपने व्यक्तिगत परिवार के लिए समय निकालना मुश्किल होता; लेकिन उन्होंने अलग से परिवार बसाने के बजाय संपूर्ण टाटा साम्राज्य को ही परिवार समझकर उसकी परवरिश की है। अपने ऑफिस जाने के लिए वे स्वयं ही अपनी कार ड्राइव करते हैं। अपनी लंबी व्यावसायिक प्रकृति की यात्राओं पर भी वे अकेले ही निकल जाते हैं। उन्हें ज्यादा ताम-झाम पसंद नहीं है। भारत में वे अपना विमान स्वयं ही उड़ाना पसंद करते हैं। वे एक कुशल पायलट हैं। सन् 2007 में 'एयरो इंडिया प्रदर्शनी' में उन्होंने लड़ाकू विमान एफ-16 एवं बोइंग एफ-18 में सहपायलट के रूप में उड़ान पर जाकर सबको आश्चर्यचकित कर दिया।

अपने मातहतों के साथ उनका व्यवहार कोमलता से परिपूर्ण होता है। अधीनस्थ भी उन्हें स्नेह एवं इज्जत की नजर से देखते हैं। व्यक्तिगत जीवन में वे पक्के इरादेवाले निडर व्यक्ति हैं। उन्हें झुकाना संभव नहीं, क्योंकि वे धुन के पक्के हैं। खतरों के प्रति वे आगाह रहते हैं, लेकिन उनसे डरकर अपना रास्ता नहीं बदलते। चुनौतियाँ स्वीकार करना उनका स्वभाव है। उन्होंने टाटा ग्रुप को वैश्विक परिदृश्य पर एक व्यावसायिक महाशक्ति के रूप में स्थापित कर दिया है। सन् 2003 के बाद तो उन्होंने एक के बाद एक अधिग्रहणों एवं व्यावसायिक समझौतों की जैसे झड़ी-सी लगा दी है।

उन्होंने दक्षिण कोरिया की डेयबू मोटर्स से उसकी ट्रक निर्माण इकाई खरीद ली। इंडोनेशिया की सबसे बड़ी कोयला खदान का मामला हो या सिंगापुर, थाइलैंड एवं वियतनाम की स्टील मिलों का—उनके पाँवों की धमक सब जगह गूँज रही है।

इसके अलावा उन्होंने न्यूयॉर्क के पियरे, बोस्टन का रिट्ज कार्ल्टन तथा सैनफ्रांसिस्को के कामकेन प्लेस पर अपने इंडियन होटल्स ग्रुप के माध्यम से नियंत्रण पा लिया।

सन् 2004 में उन्होंने रायको इंटरनेशनल अंडर सी टेलीकॉम केबिल्स को 13 करोड़ डॉलर में खरीद लिया। इस तरह टाटा ग्रुप 'अंतरराष्ट्रीय कॉल वाहक' के रूप में विश्व में चोटी पर जा पहुँचा। ब्रिटिश इंजीनियरिंग फर्म इन्फैट इंटरनेशनल की खरीद के साथ ही टाटा टेक्नोलॉजीज अमेरिकी ऑटो एवं ऑटोस्पेस कंपनियों के लिए 'आउटसोर्स्ड इंडस्ट्रियल डिजाइन' के क्षेत्र में एक बड़ा आपूर्तिकर्ता हो गया है। इसके बाद डच-ब्रिटिश स्टील कंपनी कोरस का अधिग्रहण अपने आप में एक बड़ी उपलब्धि है। एक ही झटके में टाटा स्टील ने अपने तैयार उत्पाद में वृद्धि प्राप्त कर ली तथा अमेरिका एवं यूरोप के ऑटो निर्माताओं तक पहुँच बना ली। इसके साथ ही अपनी क्षमता में पाँच गुना वृद्धि दर्ज की। सूचीबद्ध टाटा कंपनियों की बाजार कीमत 12 अरब डॉलर से 62 अरब डॉलर तक पहुँच गई है। इसी प्रकार ग्रुप की बिक्री तथा लाभ के स्तर में भी उछाल आया है और यह क्रमश: 29 अरब डॉलर एवं 2.8 अरब डॉलर का आँकड़ा पार कर गया है।

टाटा स्टील, टाटा मोटर्स एवं टाटा कंसल्टेंसी सर्विसेज कुल बिक्री का 75 प्रतिशत राजस्व जुटाती हैं।

जगुआर लैंड रोवर ब्रांड की खरीद के साथ ही लग्जरी कार मार्केट में टाटा ने अपनी महत्त्वपूर्ण उपस्थिति दर्ज कराई है।

दुनिया की सबसे कम कीमत की कार का निर्माण कर उन्होंने अपनी कुशलता

तथा दूरदृष्टि का एक नया आयाम पेश किया है। भविष्य में उनकी नजर अमेरिकी वैमानिकी पर भी है। उन्होंने अमेरिकी कंपनी सिकोर्सकी से हैदराबाद में हेलीकॉप्टर निर्माण कारखाना लगाने का समझौता किया है।

रतन टाटा चाहते हैं कि टाटा कंपनियाँ यह सिद्ध करें कि वे विकसित देशों की कंपनियों से टक्कर ले सकती हैं तथा तेजी से उभरते हुए बाजारों में डटे रह सकती हैं।

इसके साथ ही वे सामाजिक दायित्वों का निर्वहण भी पूरी तत्परता से कर रहे हैं। टाटा ग्रुप जन-कल्याणकारी कार्यों में भी समर्पण भाव से जुटा है। यह कार्य वह अपने विविध ट्रस्टों के माध्यम से कर रहा है। टाटा संस के लगभग 66 प्रतिशत शेयर इन चैरिटेबल ट्रस्टों के पास हैं। टाटा ने सीमांत व्यावसायिक कंपनियाँ, जो कॉस्मेटिक्स, पेंट्स एवं सीमेंट के व्यवसाय से जुड़ी थीं, से किनारा करके रिटेल, टेलीकॉम, बायोटेक एवं अन्य क्षेत्रों में प्रवेश किया और कई क्षेत्रों में काफी अच्छी पैठ बना ली।

आज टाटा ग्रुप में लगभग 100 कंपनियों और 300 अनुषंगी हैं, जो 40 व्यवसायों में व्यवसायरत हैं। होल्डिंग कंपनी—टाटा संस एवं टाटा इंडस्ट्रीज के सीमित कर्मचारियों के माध्यम से ग्रुप एकसूत्र में पिरोया हुआ है। ये दोनों होल्डिंग कंपनियाँ रतन टाटा के चेयरमैनशिप में कार्य कर रही हैं। ये दो कंपनियाँ ही रणनीतिक दृष्टि एवं टाटा बेस्ड पर नियंत्रण का कार्य करती हैं। यही बड़े समझौतों में मदद करती हैं। रतन टाटा द्वारा स्थापित ग्रुप कॉरपोरेट ऑफिस का माध्यम बॉम्बे हाउस भी अपनी छाप इन कंपनियों पर छोड़ता है। टाटा कंपनीज के नौ वरिष्ठ एक्जीक्यूटिव टाटा कंपनी के बोर्ड के सदस्य हैं, जो कॉरपोरेट उत्तरदायित्व का निर्वहण करते हैं। मुख्य कार्यकारी के रूप में रतन टाटा बड़े समझौतों में भाग लेते हैं।

कोरस समझौते में रतन टाटा की भूमिका अग्रगण्य थी। यह एक बड़े स्तर का कार्य तथा इसमें लगनेवाली धनराशि भी काफी बड़ी थी। फिर भी रतन टाटा ने उत्साहवर्धन किया। उनको अपने आप तथा अपने ग्रुप पर विश्वास था।

टाटा स्टील कंपनी स्थापना की जगहों के आस-पास के लगभग 800 गाँवों पर सालाना लाखों रुपए खर्च करती है, जो शिक्षा, स्वास्थ्य एवं कृषि विकास जैसी परियोजनाओं पर खर्च किए जाते हैं।

सन् 1908 में बसाए गए जमशेदपुर में आज लगभग 7,00,000 लाख लोग रहते हैं, जिसमें टाटा के कर्मचारियों की संख्या मात्र 20,000 के आस-पास है। इसके बावजूद टाटा स्टील ने शहर की सभी सार्वजनिक सुविधाओं एवं स्कूलों का बोझ अपने कंधे पर उठा रखा है।

रतन टाटा शांत प्रकृति के व्यक्ति हैं। प्रचार-प्रसार से सदा दूर, बिना लोगों का ध्यान आकर्षित किए वे खामोशी से अपना काम कर रहे हैं। दुनिया भर में वे कंपनी एवं ब्रांड खरीद रहे हैं। इस तरह उन्होंने एक पारिवारिक ग्रुप को आज एक बहुराष्ट्रीय कंपनी में तब्दील कर दिया है। जुलाई 2009 में जब अमेरिकी विदेश मंत्री हिलेरी क्लिंटन भारत आईं तो 26/11 के आतंकवादी हमलों के शिकार लोगों के प्रति उन्होंने वहाँ रखी संवेदना पुस्तिका में अपने उद्गार व्यक्त किए। ताज होटल में ही उन्होंने चुने हुए भारतीय उद्योगपतियों तथा व्यवसाय जगत् की कुछ महत्त्वपूर्ण हस्तियों से आपसी हित के मामलों पर चर्चा की। इस बैठक में मेजबान की भूमिका रतन टाटा ने निभाई थी।

□

ऐसे हैं रतन टाटा

मुंबई में हुए 26/11 के आतंकी हमले को भला कौन भूल सकता है, जब दस आतंकवादी भारतीय समुद्री सीमा पार कर मुंबई में घुसे और कई स्थानों पर अंधाधुंध गोलीबारी कर तमाम लोगों को मार दिया। लेकिन कई लोगों को संभवत: यह पता नहीं होगा कि टाटा समूह ने इस हमले से प्रभावित अपने कर्मचारियों के लिए क्या-क्या किया।

टाटा समूह ने होटल बंद रहने के दौरान अपने यहाँ अस्थायी कर्मचारी के तौर पर एक दिन भी काम करने वाले कर्मचारी समेत सभी श्रेणी के कर्मचारियों को ऑन ड्यूटी माना।

होटल बंद रहने के दौरान कर्मचारियों की तनख्वाह मनीऑर्डर द्वारा भेजी गई। इतना ही नहीं, टाटा इंस्टीट्यूट ऑफ सोशल साइंसेज के सहयोग से जरूरतमंदों को काउंसिलिंग की सुविधा उपलब्ध कराने के लिए एक मनोचिकित्सकीय इकाई की भी स्थापना की गई। हर कर्मचारी के लिए एक मेंटर निर्दिष्ट किया गया और यह उस व्यक्ति की जिम्मेदारी थी कि वह कर्मचारी द्वारा चाही गई हर मदद के लिए एक 'सिंगल विंडो क्लियरेंस' की तरह काम करे। रतन टाटा इस हमले में घायल या मृतक 80 कर्मचारियों के परिवारों से खुद जाकर मिले। रतन टाटा ने कर्मचारियों के इन परिजनों व आश्रितों से खुद पूछा कि वे उनसे किस तरह की मदद की अपेक्षा रखते हैं।

बीस दिनों के रिकार्ड समय में टाटा समूह ने कर्मचारियों की मदद के उद्देश्य से एक ट्रस्ट गठित किया। इसमें अनूठी बात यह थी कि हमले से प्रभावित दूसरे लोगों, जैसे कि रेलवे कर्मचारियों, पुलिस-कर्मियों, फुटपाथ पर चलने वाले लोगों, जिनका टाटा से कोई वास्ता नहीं था, उन्हें भी मुआवजे के दायरे में लाया गया। इस

हमले के दौरान अपनी रोजी-रोटी का जरिया खो चुके कई वेंडरों को टाटा द्वारा हाथ ठेले उपलब्ध कराए गए।

रतन टाटा समेत तमाम सीनियर मैनेजर लगातार तीन दिनों तक मृतकों लोगों की अंतिम यात्रा में व्यस्त रहे। यह वाकई बहुत भयावह दौर था। अपने हर मृतक कर्मचारी के संदर्भ में नीचे पेश की गई सुविधाओं समेत टाटा के भुगतान का आँकड़ा 36 से 85 लाख रुपए तक बैठता है।

1. परिजनों व आश्रितों को कर्मचारी के आखिरी वेतन के बराबर आजीवन रकम।
2. दुनिया में कहीं भी आश्रितों व बच्चों की शिक्षा का पूरा जिम्मा उठाना।
3. पूरे परिवार व आश्रितों को आजीवन चिकित्सा सुविधा।
4. तमाम कर्ज व अग्रिम भुगतान माफ—भले ही यह कितनी बड़ी रकम हो।
5. हर व्यक्ति के लिए आजीवन काउंसिलिंग की सुविधा।

फंडा यह है कि यदि आप अपने कर्मचारियों की परवाह करेंगे तो कर्मचारी भी आपके उत्पाद के लिए अपनी जी-जान लगा देंगे। कर्मचारियों का हित सोचने वाली कंपनियों को उन्हें रोके रखने जैसी समस्या से कभी दो-चार नहीं होना पड़ता।

(साभार : एन. रघुरमन, 'दैनिक भास्कर')

□

रतन टाटा के सक्सेस PRINCIPLES

रतन नवल टाटा—टाटा समूह के वर्तमान अध्यक्ष हैं, जो भारत का सबसे बड़ा व्यापारिक समूह है, जिसकी स्थापना जमशेदजी टाटा ने की और उनके परिवार की पीढ़ियों ने इसका विस्तार किया और इसे सुदृढ़ बनाया।

व्यापार किसी एक व्यक्ति का कार्य नहीं है, यह टीमवर्क है। एक नेटवर्क है। इस प्रकार जहाँ एक से अधिक व्यक्ति साथ आते हैं, वहाँ उनके आपसी रिश्ते पर विचार करना ही चाहिए। किसी भी सामूहिक प्रक्रिया की परिभाषा बहुत से लोगों के साथ रिश्ता स्थापित करना और सभी को एक उद्देश्य की दिशा में प्रोत्साहित करना है। किसी भी व्यापार में इन रिश्तों का निर्णायक महत्त्व है।

रतन टाटा के अपने कर्मचारियों के साथ ऐसे ही रिश्ते हैं। वे अपनी सेवानिवृत्ति से पूर्व पुणे स्थित टेल्को (TELCO) कंपनी आए थे। विदाई समारोह के पश्चात् एक सामूहिक भोज का आयोजन किया गया था। रतन टाटा ने अपना भोजन कर्मचारियों की आम कैंटीन में कर्मचारियों के साथ पंक्ति में बैठकर किया। उन्होंने खुलकर हँसी-ठिठोली की।

टाटा को अन्य कंपनियों की तरह विज्ञापन नहीं करना पड़ता। टाटा के उत्पाद उसके नाम से बिकते हैं। फिर चाहे साधारण सी चाय हो या साबुन, टूथपेस्ट, खानेवाला नमक, सारे दिन उपयोग होनेवाली कार या रात को सोने से पहले बंद की जानेवाली आखिरी चीज बल्ब ही क्यों न हो! इससे स्पष्ट होता है कि ब्रांड निर्माण का कितना महत्त्व होता है, जो भरोसे से बनता है।

हर व्यक्ति की अलग-अलग विशेषताएँ, अलग-अलग गुण और प्रतिभाएँ होती हैं। अगर हम उन प्रतिभाओं को किसी और के जैसा बनने में लगाएँगे तो हम अपनी प्रतिभा को कभी निखार नहीं पाएँगे और अपने मौलिक गुणों को खो देंगे।

इसलिए हमें अपनी प्रतिभाओं को पहचानकर उनका भरपूर उपयोग करना चाहिए। इतिहास में ऐसे अनेक उदाहरण हैं कि लोगों ने अपनी प्रतिभा पर काम किया है और अपनी विशेषता के बल पर अपनी पहचान बनाई है।

रतन टाटा की बात करें तो उन्होंने अपने कार्यकाल में टाटा समूह को ऊँचाइयों तक पहुँचाया है और यह उनकी सोच का ही नतीजा है। सफल व्यक्तियों की सफलताओं की अनेक कहानियाँ होती हैं, लेकिन हम उनकी कहानियाँ सुनकर खुद सफल नहीं बन सकते। उनके सुझावों पर अमल करके रास्ते को बेहतर बनाया जा सकता है; लेकिन अगर हम उनकी तरह बनने की कोशिश करें तो वैसा नहीं हो सकता।

रिश्ते ही व्यापार हैं

"साख बनाने में बीस साल लगते हैं और नष्ट होने में 5 मिनट। इस पर विचार करने पर आप चीजों को अलग तरह से करेंगे।"

—वॉरेन बफे

व्यापार किसी एक व्यक्ति का कार्य नहीं है, यह टीम वर्क है। एक नेटवर्क है। इस प्रकार जहाँ एक से अधिक व्यक्ति साथ आते हैं, वहाँ उनके आपसी रिश्ते पर विचार करना ही चाहिए। किसी भी सामूहिक प्रक्रिया की परिभाषा बहुत से लोगों

के साथ रिश्ता स्थापित करना और सभी को एक उद्देश्य की दिशा में प्रोत्साहित करना है। किसी भी व्यापार में इन रिश्तों का निर्णायक महत्त्व है। 'प्रत्येक कर्मचारी के लिए स्नेह' किर्लोस्कर ग्रुप ऑफ इंडस्ट्रीज का विशिष्ट पहलू है, जो एक आदर्श दिग्गज उद्योगपति स्वर्गीय शांतनु राव ने सुनिश्चित किया था। वह किर्लोस्कर ग्रुप के कर्मचारियों को अपना परिवार मानते थे। एक बार उनके स्वामित्व काल में चावल बहुत महँगे हो गए। उनका ध्यान इस ओर गया कि चावल की कीमत काफी बढ़ गई है। वे यह सोचकर उदास हो गए, क्योंकि कर्मचारियों के लिए इसे खरीदना कितना महँगा होगा! तभी उनके मन में विचार आया कि यदि थोक बाजार से चावल खरीदकर अपने कर्मचारियों को कम दाम पर दें तो कैसा रहेगा? उन्होंने तुरंत ही अपने अधिकारियों से इस बारे में बात की—और योजना चालू कर दी। ग्रुप के कर्मचारियों को चावल कम दाम पर मिलने लगा। ऐसी छोटी-छोटी बातों से रिश्ते बनते हैं।

दत्ता कोऑपरेटिव शुगर मिल के अध्यक्ष एस.आर. पाटिल लकड़ी की कुरसी पर बैठे थे। उनकी कुरसी किसी क्लर्क या शिक्षक जैसी होती थी। उनकी कुरसी से उनकी सादगी प्रकट होती थी। सामनेवाला व्यक्ति उनसे तुरंत जुड़ जाता था। श्री माधवराव भिंडे ने व्यापारियों के बीच रिश्ते बढ़ाने और नेटवर्किंग के माध्यम से अपने व्यापार को विकसित करने के लिए 'सैटरडे क्लब' की स्थापना की। इस क्लब की भारत व विदेशों में हजारों शाखाएँ हैं। माधवराव भिंडे 80 वर्ष के एक असाधारण ऊर्जा-उत्साह से लबरेज युवा हैं। उन्होंने अपने क्लब का मिशन रखा—'एक-दूसरे की सहायता करें और सबको धनवान् बनाएँ।'

दत्ता कोऑपरेटिव शुगर मिल के अध्यक्ष एस.आर. पाटिल लकड़ी की कुरसी पर बैठे थे। उनकी कुरसी किसी क्लर्क या शिक्षक जैसी होती थी। उनकी कुरसी से उनकी सादगी प्रकट होती थी। सामनेवाला व्यक्ति उनसे तुरंत जुड़ जाता था। श्री माधवराव भिंडे ने व्यापारियों के बीच रिश्ते बढ़ाने और नेटवर्किंग के माध्यम से अपने व्यापार को विकसित करने के लिए 'सैटरडे क्लब' की स्थापना की। इस क्लब की भारत व विदेशों में हजारों शाखाएँ हैं। माधवराव भिंडे 80 वर्ष के एक असाधारण ऊर्जा-उत्साह से लबरेज युवा हैं।

रतन टाटा के अपने कर्मचारियों के साथ ऐसे ही रिश्ते हैं। वे अपनी सेवानिवृत्ति से पूर्व पुणे स्थित टेल्को (TELCO) कंपनी आए थे। विदाई समारोह के पश्चात् एक सामूहिक भोज का आयोजन किया गया था। रतन टाटा ने अपना भोजन कर्मचारियों की आम कैंटीन में कर्मचारियों के साथ पंक्ति में बैठकर किया। उन्होंने खुलकर हँसी-ठिठोली की।

संवेदनशील व्यापारी अपने को सँभालते हैं। जहाँ एक से अधिक व्यक्ति संपर्क में आते हैं, वहाँ ये रिश्ते अत्यंत महत्त्वपूर्ण धारणा बन जाते हैं। कोई भी व्यापार केवल तभी खड़ा रह सकता है, जब इस रिश्ते को कायम रखा जा सके। प्रत्येक व्यापार केवल इन्ही रिश्तों से फलता-फूलता है। इन रिश्तों से बनी शृंखला को नेटवर्क के रूप में जाना जाता है। जिस देश में व्यापारी की लंबी शृंखला होती है, वहाँ नेटवर्क अपने आप आकार ले लेता है। ऐसे रिश्ते या नेटवर्क एक दिन में नहीं बन जाते, न ही केवल बातें करने से। ये एक-दूसरे को जानने से बनते हैं। एक बार नेटवर्क बन जाए, फिर बिजनेस मॉडल को आकार देना बहुत आसान होता है; क्योंकि निवेशक पूरे विश्वास के साथ भागीदारी करने की अवस्था में होते हैं।

संवेदनशील व्यापारी अपने को सँभालते हैं। जहाँ एक से अधिक व्यक्ति संपर्क में आते हैं, वहाँ ये रिश्ते अत्यंत महत्त्वपूर्ण धारणा बन जाते हैं। कोई भी व्यापार केवल तभी खड़ा रह सकता है, जब इस रिश्ते को कायम रखा जा सके। प्रत्येक व्यापार केवल इन्ही रिश्तों से फलता-फूलता है। इन रिश्तों से बनी शृंखला को नेटवर्क के रूप में जाना जाता है। जिस देश में व्यापारी की लंबी शृंखला होती है, वहाँ नेटवर्क अपने आप आकार ले लेता है।

व्यापार दो लोगों के बीच लेन-देन ही है। जो भी लोग अपने व्यवसाय को भलीभाँति स्थापित करना चाहते हैं, उन्हें लोगों के साथ अपने लेन-देन की अच्छे से देखभाल करनी चाहिए। इससे व्यापार स्थापित करने की इच्छा रखनेवाले व्यक्ति को सबसे पहले लोगों को पढ़ने, उन्हें पहचानने से आत्मसात् करना चाहिए। शिवाजी महाराज को क्षमता अध्ययन का आदर्श माना जाता है।

किसी भी कंपनी का उत्पाद चाहे कितना भी अच्छा हो, तो भी जनता के मन में उसकी छाप छोड़ने और ब्रांड की छवि बनाने के लिए जनसंपर्क आवश्यक होता

है। व्यापारी क्षेत्र में लोग ही व्यापार हैं, यह बात अकसर कही जाती है। इसी तरह, यह भी कहा जाता है कि रिश्ते ही व्यापार हैं। आखिरकार, प्रत्येक व्यापार सिर्फ लोगों के लिए ही होता है। यह व्यक्ति सहयोगी, कर्मचारी, निवेशक, ग्राहक कोई भी हो सकता है।

विश्वास किसी भी बिजनेस की पहली सीढ़ी है

90 प्रतिशत स्टार्टअप पाँच साल के अंदर फेल हो जाते हैं। दस साल में 5 प्रतिशत से कम बिजनेस टिके रह पाते हैं। बहुत कम बिजनेस होते हैं, जो बिजनेस में टिके रहने के सौ साल जैसे मील के पत्थर को कायम रख पाते हैं। 0.01 प्रतिशत कंपनियाँ ऐसी होती हैं, जो 100 साल तक किसी बिजनेस में टिकी रह पाती हैं। अगर हम टाटा की बात करें तो टाटा उन सुपर स्पेशल कंपनियों में से है, जो डेढ़ सौ साल से आज तक टिकी हुई है और बस, टिकी ही नहीं है, बल्कि इतना अच्छा परफॉर्म कर रही है कि आज टाटा ग्रुप सौ से भी ज्यादा कंपनियों को अपने अंदर चलाती है। दुनिया के सौ से ज्यादा देशों में उनके उत्पाद और सर्विस इस्तेमाल होते हैं। उनकी सबसे प्रसिद्ध कंपनी में आती हैं—टाटा स्टील, टाटा स्काई, टी.वी. एस., टाटा मोटर्स, टाटा पावर, टाइटन, ताज होटल ग्रुप, लैक्मे आदि। वर्ष 2018

के डाटा के हिसाब से उनकी 29 पब्लिक लिस्टेड इंटरप्राइजेज का व्यापार 150 अरब डॉलर था, जिनकी सौ प्रतिशत billion-dollar में से 60 प्रतिशत इनकम बाहर के देशों से थी, जैसे इंग्लैंड और अमेरिका। टाटा ग्रुप कर्मचारी के मामले में विश्व की सातवीं बड़ी कंपनी है, जिसमें 6,95,000 लोग काम करते हैं। मोस्ट रेप बेसल कंपनी ग्यारहवीं पोजीशन पर है। एक सर्वे में टाटा मोस्ट वैल्युएबल कंपनी में चौंतीसवें नंबर पर आई थी। इस सारी सफलता का क्रेडिट जाता है टाटा ग्रुप के लीडर्स को। जमशेदजी टाटा से लेकर रतनजी टाटा तक जैसे ग्रेट लीडर्स ने ही टाटा ग्रुप को लीड किया है। कुछ खास सिद्धांत, नियम और विजडम को कायम रखते हुए आज इसने खुद को पूरे वर्ल्ड की सबसे मूल्यवान् ब्रांड में से एक बना दिया है।

हमें उनसे सीखना चाहिए। रतन टाटा के बिजनेस जीवन के नियम, जिनकी सहायता से उन्होंने महान् सफलता पाई। उन्होंने अपने 21 साल के कॅरियर में 50 प्रतिशत प्रॉफिट बढ़ाया और 40 प्रतिशत राजस्व बढ़ाया। ऐसी कई चीजें हैं, जो रतन टाटा की लीडरशिप में हुईं।

2016 में चारों तरफ एक खबर आग की तरह फैल गई कि टाटा ग्रुप ने साइरस मिस्त्री को उनके पद से हटा दिया। सभी चौंक गए। चौंके इसलिए, क्योंकि रतन टाटा ने बहुत मेहनत के साथ, पूरा एक साल रिसर्च करने के बाद साइरस मिस्त्री को ढूँढ़ा था कि वह उनकी गैर–मौजूदगी में उनकी जगह ले सकते हैं। रतन टाटा ने सारा कार्यभार बहुत विश्वास के साथ साइरस मिस्त्री को सौंप दिया कि वह उनकी जगह अच्छी तरह पूरी करेंगे। इसलिए सबको उनसे बहुत उम्मीद थी। लेकिन जब उन्हें निकाला गया तो हर कोई उनके बारे में बात कर रहा था। आखिर ऐसा क्यों? कई संभावित कारण लोगों ने बताए। साइरस के आने के बाद नकारात्मक ग्रोथ देखने को मिली। गेट में इनक्रीस आया। मैनेजमेंट का तरीका

2016 में चारों तरफ एक खबर आग की तरह फैल गई कि टाटा ग्रुप ने साइरस मिस्त्री को उनके पद से हटा दिया। सभी चौंक गए। चौंके इसलिए, क्योंकि रतन टाटा ने बहुत मेहनत के साथ, पूरा एक साल रिसर्च करने के बाद साइरस मिस्त्री को ढूँढ़ा था कि वह उनकी गैर–मौजूदगी में उनकी जगह ले सकते हैं। रतन टाटा ने सारा कार्यभार बहुत विश्वास के साथ साइरस मिस्त्री को सौंप दिया कि वह उनकी जगह अच्छी तरह पूरी करेंगे।

खराब था, लेकिन जो मुख्य कारण था, साइरस वैल्यू कमिटमेंट से ज्यादा प्रॉफिट पर ध्यान दे रहे थे।

जापान की डोकोमो कंपनी वर्ष 2009 में जब भारत आई थी तो उसने टाटा के 26 प्रतिशत शेयर खरीदे थे। 13,000 करोड़ रुपए में डील हुई तो टाटा ने वादा किया था कि जब भी डोकोमो को जाना होगा, जा सकते हैं। तब की मार्केट वैल्यू के हिसाब से उन्हें पैसे दे दिए जाएँगे और ऐसा न हुआ तो कम-से-कम आधा निवेश तो वापस किया जाएगा। कुछ समस्याओं की वजह से जब टाटा टेली सर्विसेज अच्छा काम नहीं कर पा रही थी तो डोकोमो ने वापस जाने का फैसला लिया। उस समय चेयरमैन साइरस मिस्त्री थे। डोकोमो ने उन्हें कोई अच्छा खरीदार ढूँढ़ने के लिए कहा, लेकिन जब कोई अच्छा खरीदार नहीं मिला तो उन्होंने टाटा को खुद ही शेयर्स खरीदने के लिए कहा। तब साइरस ने आर.बी.आई. की गाइडलाइंस का उपयोग करते हुए पैसे देने से मना कर दिया और वह केस लड़ने लगे। पैसे दे देना उनके हिसाब से अच्छा बिजनेस नहीं था। यह बात डोकोमो को अच्छी नहीं लगी, क्योंकि वह टाटा के नाम पर भरोसा करके उनके साथ काम कर रही थी; क्योंकि टाटा ग्रुप अपनी वैल्यू और कमिटमेंट के लिए पूरे विश्व में प्रख्यात है। यह चीज रतन टाटा को भी सही नहीं लगी। यही एक बड़ा कारण था साइरस मिस्त्री को चेयरमैन के पद से हटाने का।

जापान की डोकोमो कंपनी वर्ष 2009 में जब भारत आई थी तो उसने टाटा के 26 प्रतिशत शेयर खरीदे थे। 13,000 करोड़ रुपए में डील हुई तो टाटा ने वादा किया था कि जब भी डोकोमो को जाना होगा, जा सकते हैं। तब की मार्केट वैल्यू के हिसाब से उन्हें पैसे दे दिए जाएँगे और ऐसा न हुआ तो कम-से-कम आधा निवेश तो वापस किया जाएगा। कुछ समस्याओं की वजह से जब टाटा टेली सर्विसेज अच्छा काम नहीं कर पा रही थी तो डोकोमो ने वापस जाने का फैसला लिया।

जब एक इंटरव्यू में रतन टाटा से पूछा गया तो उन्होंने कहा कि ट्रस्ट मेरे लिए सबसे ज्यादा जरूरी चीज है। ग्राहकों का, कर्मचारियों का और शेयरधारकों का विश्वास ही मेरे लिए सबसे पहले आता है। विश्वास एक ऐसा फाउंडेशन होता है, जिसके ऊपर कोई भी बिजनेस खड़ा किया जाता है। कुछ लोग छोटे फायदे के लिए

विश्वास तोड़ देते हैं; लेकिन विश्वास टूटने से बड़े नुकसान होते हैं। विश्वास ही एक ऐसी चीज है, जिसने टाटा को इस बुलंदी पर पहुँचाया है और एक मजबूत चट्टान की तरह से खड़ा किया है।

"कोई लोहे को नष्ट नहीं कर सकता, लेकिन उसका अपना जंग कर सकता है। उसी तरह कोई किसी इनसान को बरबाद नहीं कर सकता, लेकिन उसकी अपनी मानसिकता ऐसा कर सकती है।"

व्यापार को लेकर लोगों में बहुत सी गलतफहमियाँ होती हैं, जैसे व्यापार करते हुए धोखेबाजी व ठगी का सामना करना पड़ता है; लेकिन अनुभव होने पर व्यक्ति को अहसास होता है कि ईमानदारी से किया गया व्यापार हमेशा अधिक समय तक और दूर तक चलता है। इस सिद्धांत पर व्यक्ति की पूरी आस्था होनी चाहिए। व्यापार के दौरान हम बहुत से कानूनी सौदे करते हैं, मेमोरेंडम ऑफ अंडरस्टैंडिंग, अनुबंधन और ऐसा बहुत कुछ; लेकिन व्यापार में अनुबंधन करनेवालों की ईमानदारी बहुत महत्त्व रखती है। किसी भी अनुबंधन में विश्वास दोनों तरफ से कायम किया जाता है कि उसे ईमानदारी से लागू किया जाएगा। इसी के द्वारा व्यक्ति का मोल बढ़ता है। व्यक्ति की बात का मोल बढ़ने से इस बात के बल पर व्यापार आगे बढ़ता है। बड़े-से-बड़े सौदे भरोसे से किए जाते हैं।

व्यापार को लेकर लोगों में बहुत सी गलतफहमियाँ होती हैं, जैसे व्यापार करते हुए धोखेबाजी व ठगी का सामना करना पड़ता है; लेकिन अनुभव होने पर व्यक्ति को अहसास होता है कि ईमानदारी से किया गया व्यापार हमेशा अधिक समय तक और दूर तक चलता है। इस सिद्धांत पर व्यक्ति की पूरी आस्था होनी चाहिए।

प. बंगाल में टाटा नैनो की फैक्टरी में समस्या हो गई थी। उसे कहीं और ले जाना था, पर अब क्या किया जाए? यह प्रश्न रतन टाटा के सामने खड़ा था। एक दिन उन्हें गुजरात के तत्कालीन मुख्यमंत्री श्री नरेंद्र मोदी का एस.एम.एस. मिला, जिसमें लिखा था—'गुजरात में आपका स्वागत है'। उस एक एस.एम.एस. के बूते पर टाटा अपनी नैनो कार की फैक्टरी को सिंगूर (प. बंगाल) से गुजरात ले गए और वहाँ उत्पादन आरंभ कर दिया। बात का इतना महत्त्व होता है।

बहुत से लोगों की सच्चाई व ईमानदारी का अनुभव होने पर एक बिजनेस की रचना होती है। तब माल केवल ब्रांड के बल पर बिकने लगता है। लोगों को यह

गलतफहमी होती है कि ब्रांड का निर्माण बारंबार विज्ञापन दिखाए जाने से होता है; लेकिन यह सच नहीं है। विज्ञापन उत्पाद को केवल पेश करते हैं। वहीं विश्वास सौदे करने और अच्छे अनुभव के माध्यम से कायम होता है। ब्रांड विज्ञापन का नाम नहीं है, उसके पीछे का विश्वास है।

टाटा को अन्य कंपनियों की तरह विज्ञापन नहीं करना पड़ता। टाटा के उत्पाद उसके नाम से बिकते हैं। फिर चाहे साधारण सी चाय हो या साबुन, टूथपेस्ट, खानेवाला नमक, सारे दिन उपयोग होनेवाली कार या रात को सोने से पहले बंद की जानेवाली आखिरी चीज बल्ब ही क्यों न हो! इससे स्पष्ट होता है कि ब्रांड निर्माण का कितना महत्त्व होता है, जो भरोसे से बनता है।

नकारात्मकता हमारी असफलता का कारण बनती है

जीवन उतार–चढ़ावों से भरा है, इसकी आदत बना लो, क्योंकि आपके आसपास कोई आपके स्वाभिमान की परवाह नहीं करता। इसलिए पहले खुद को साबित करके दिखाओ। दुनिया चमत्कार को ही नमस्कार करती है। शिक्षा हमारे सामने तरक्की के मार्ग ही नहीं खोलती, हमारे व्यक्तित्व को भी बेहतर बनाती है। यह भी सच है। हम एक के बाद एक पड़ाव चढ़ते हैं। पढ़ाई करने के बाद 5 आँकड़े की सैलरीवाली नौकरी के सपने मत देखो। रातोरात किसी कंपनी का प्रेसीडेंट बनना नामुमकिन है। मेहनत करो और सीढ़ी–दर–सीढ़ी आगे बढ़ो। ऐसा अकसर होता है कि हमें वर्तमान में अपने शिक्षक डरावने लगते हैं, क्योंकि अभी तक आपका सामना बॉसरूपी प्राणी से नहीं हुआ है। तुम्हारी गलती और पराजय सिर्फ तुम्हारी है, इसके लिए किसी को दोष मत दो। इससे सीखो और भविष्य में इससे

बचो। सांत्वना पुरस्कार सिर्फ स्कूल में मिलता है, कुछ स्कूलों में अभी भी पास होने तक परीक्षा देने का प्रावधान है, लेकिन बाहर की दुनिया अलग है। यहाँ हारनेवाले को मौका नहीं मिलता। जीवन के स्कूल में कक्षाएँ और वर्ग नहीं होते और न ही महीने भर की छुट्टियाँ होती हैं। आपको सिखाने के लिए कोई अपना वक्त नहीं देगा। यह सब स्वयं सीखने की काबिलियत रखो। कुछ ऐसे पल होंगे, जहाँ आपके शिक्षक नहीं होंगे, जहाँ आपके माता-पिता नहीं होंगे। सिनेमा देखना हमें अच्छा लगता है, वह हमें अपनी ओर आकर्षित करता है; लेकिन टी.वी. का जीवन सत्य नहीं है और वास्तविक जीवन इस वास्तविकता से बहुत भिन्न है। यहाँ आराम नहीं मिलता, सिर्फ काम ही होता है। मेहनत करो, पढ़ो और आगे बढ़ो। पढ़ने की इससे बेहतर उम्र नहीं मिल सकती। लगातार पढ़ाई और मेहनत करनेवाले अपने मित्र को हँसी का पात्र मानकर उसका मजाक मत उड़ाओ। एक दिन ऐसा आएगा, जब तुम्हें उसके नीचे काम करना पड़ेगा। पेड़ काटने से पूर्व कुल्हाड़ी की धार देखने की आवश्यकता होती है, इसलिए जब आपको आठ घंटे में पेड़ काटना हो तो छह घंटे कुल्हाड़ी की धार तेज करने में लगाने पर सफलता प्राप्त होने के अवसर कई गुना बढ़ जाते हैं।

आपको शिक्षा का विशेषाधिकार मिला है, इसलिए यह आपकी जिम्मेदारी है कि आप इसके बदले समाज को कुछ दें। मैं हमेशा लोगों से यही कहता हूँ कि हमेशा ऐसे प्रश्न पूछें, जो कभी किसी ने न पूछे हों। नए विचारों को आगे रखें, नए विचार पर तर्क करें, ताकि हमारी यह दुनिया और बेहतर बनाई जा सके। अंत में, इन सब चीजों के लिए एक चीज, जो सबसे ज्यादा जरूरी है, वह है सकारात्मकता, अगर वह नहीं होगी तो इनसान कामयाब नहीं हो पाएगा। हर कदम के लिए हर एक नए प्रयास के लिए सकारात्मक होना जरूरी है। किसी भी काम के प्रति हमेशा सकारात्मक सोच रखनी चाहिए, क्योंकि नकारात्मकता हमारी असफलता का कारण बनती है।

अपने निर्णय को सही साबित करने की क्षमता रखिए

जब टाटा ने जे.एल.आर. को खरीदा तो उसे 1,800 करोड़ रुपए का नुकसान हुआ। इससे टाटा मोटर्स को 2,500 करोड़ रुपए का घाटा हुआ। तब उसकी मार्केट वैल्यू 6,500 करोड़ रुपए रह गई थी। टाटा के इस फैसले को पूरी दुनिया ने गलत बताया था कि उन्होंने बहुत बड़ी गलती की है जैगुआर और लैंड रोवर को खरीदकर, लेकिन रतन टाटा ने यह साबित किया कि आत्मसम्मान से बढ़कर कुछ

नहीं होता। दरअसल, इसके तार एक बहुत पहले के घाव से जुड़े हुए थे।

देश के निम्नवर्गीय परिवारों के लिए कार खरीदने का सपना पूरा करनेवाले टाटा ने सन् 1998 में पहली बार पैसेंजर कार सेगमेंट में टाटा इंडिका को बाजार में उतारा था। 1999 में टाटा को इंडिका कार लाए हुए एक साल होने वाला था। 1998 में यह कार लॉन्च हुई थी। यह हैचबैक कार थी। हालाँकि इसके लॉन्च के एक साल में ही यह फ्लॉप हो गई, जिसके बाद टाटा को अपने फैसले को लेकर तमाम आलोचनाओं का सामना करना पड़ा था। कई लोगों ने उन्हें यहाँ तक सलाह दे दी कि उन्हें पैसेंजर कार के बिजनेस को बंद कर देना चाहिए। वह खुद भी इस बात से सहमत हो गए और टाटा ने इसे बेचने का पूरा मन बना लिया था। मार्केट में यह बात गरम थी कि टाटा अपनी कार वेंचर बेचना चाहते हैं। जब यह बात फोर्ड को पता चली तो फोर्ड ने कार खरीदने का मन बना लिया। बात आगे बढ़ी और फोर्ड ने टाटा के सामने अपना प्रस्ताव रखा। बैठकों का दौर शुरू हुआ। पहली बैठक मुंबई में हुई और दूसरी अमेरिका में फोर्ड के हेडक्वार्टर डेट्रॉएट में।

इसके लिए अपने कुछ कर्मचारियों के साथ रतन टाटा डेट्रॉएट में फोर्ड के हेडक्वार्टर पहुँच गए। इस डील के लिए रतन टाटा और फोर्ड के अधिकारियों के बीच करीब तीन घंटे की बैठक हुई, लेकिन टाटा को फोर्ड के अधिकारियों का व्यवहार पसंद नहीं आया। उस बैठक में फोर्ड के चेयरमैन बिल फोर्ड ने रतन टाटा से कहा, "आपने पैसेंजर कार से जुड़े व्यवसाय की शुरुआत ही क्यों की, जब आप उसके बारे में कुछ जानते ही नहीं? यदि हम आपसे इस व्यवसाय को खरीदते हैं

तो हम आप पर एहसान करेंगे।" बिल फोर्ड के इस व्यवहार के बाद रतन टाटा ने वापस आने का फैसला किया। वह इस अपमान के बाद बड़े तनाव में थे। फ्लाइट में पूरे नौ घंटे वह बहुत उदास रहे।

शुरुआती विफलताओं के बाद टाटा पैसेंजर ने बहुत अच्छा और उम्मीद से बेहतर काम किया। ऐसे समय में फोर्ड का बिजनेस बहुत प्रभावित हुआ। उस घटना के नौ साल बाद वह मौका आया, जब सन् 2008 में फोर्ड दिवालिया होने के कगार पर पहुँच गई। अमेरिकी कार सेक्टर में उसकी हालत खराब थी। तब टाटा ग्रुप ने फोर्ड के सबसे बड़े ब्रांड्स में से जैगुआर और लैंडरोवर को खरीदने का फैसला किया।

इसके लिए बिल फोर्ड अपनी टीम के साथ टाटा के हेडक्वार्टर 'बॉम्बे हाउस' पहुँचे। अंत में इस डील को 2.3 अरब अमेरिकी डॉलर (9,300 करोड़ रुपए) में फाइनल किया गया। बिल फोर्ड ने रतन टाटा से कहा कि आप हमारे इस लग्जरी सेग्मेंट को खरीदकर हम पर एहसान कर रहे हैं। इस तरह नौ साल पहले लगे उस घाव को बिना किसी जवाब के भर दिया गया। आज जैगुआर-लैंडरोवर टाटा ग्रुप की संपत्ति हैं और मुनाफे के साथ बिजनेस कर रही हैं। जे.एल.आर. खरीदने के कुछ ही समय बाद टाटा उसे मुनाफे में ले आए।

शुरुआती विफलताओं के बाद टाटा पैसेंजर ने बहुत अच्छा और उम्मीद से बेहतर काम किया। ऐसे समय में फोर्ड का बिजनेस बहुत प्रभावित हुआ। उस घटना के नौ साल बाद वह मौका आया, जब सन् 2008 में फोर्ड दिवालिया होने के कगार पर पहुँच गई। अमेरिकी कार सेक्टर में उसकी हालत खराब थी। तब टाटा ग्रुप ने फोर्ड के सबसे बड़े ब्रांड्स में से जैगुआर और लैंडरोवर को खरीदने का फैसला किया।

आज इस कंपनी की मार्केट वैल्यू 1.79 लाख करोड़ रुपए है। वर्ष 2014 में टाटा मोटर्स ने 2.33 लाख करोड़ रुपए कमाए।

इस कमाई में जे.एल.आर. का हिस्सा 1.90 लाख करोड़ रुपए था। जे.एल.आर. से टाटा को 17 हजार करोड़ का मुनाफा हुआ और जिन लोगों ने उनके जे.एल.आर. को खरीदने के निर्णय को गलत बताया था, उन्हें भी उन्होंने गलत साबित कर दिया।

"मैं सही निर्णय लेने में विश्वास नहीं करता। मैं निर्णय लेता हूँ और फिर उसे सही साबित कर देता हूँ।"

हमें हमेशा सीखते और सुनते रहना चाहिए

मैंने अपनी कंपनी में इसे एक मुद्‌दा बना दिया है। हम छोटे कदम उठाना बंद करें और ग्लोबल सोच को विकसित करें; और यह वास्तव में मददगार प्रतीत हो रही है। लोगों की सेवा करने के लिए बिजनेस को अपनी कंपनी के हितों से

ऊपर जाने की जरूरत है। मैं चाहता हूँ, मेरे पीछे नैतिकता और मूल्यों से युक्त अनुकरणीय तरीके से संचालित कंपनियों का एक सेट और उनकी एक स्थायी इकाई रहे। अब से सौ साल बाद मैं टाटा ग्रुप को जितना वह अब है, उससे कहीं बड़ा देखना चाहता हूँ। इससे भी जरूरी बात, मैं आशा करता हूँ कि ग्रुप को भारत में सर्वश्रेष्ठ माना जाए। जिस तरीके से हम Operate करते हैं, उसमें सर्वश्रेष्ठ। जो उत्पाद हम देते हैं, उसमें सर्वश्रेष्ठ और हमारे वैल्यू सिस्टम्स और एथिक्स में सर्वश्रेष्ठ। इतना कहने के बाद मैं आशा करता हूँ कि सौ साल बाद हम अपने पंख भारत से कहीं दूर तक फैला पाएँगे। इसके लिए आपको हर जगह सुनते रहना चाहिए और सीखते रहना चाहिए।

किसी के जैसा बनने की कोशिश नहीं करनी चाहिए

वर्ष 2012 में रतन टाटा ने चेयरमैन पद से इस्तीफा दे दिया था और अपनी जगह साइरस मिस्त्री को दे दी थी। पत्रकारों ने उनसे पूछा कि आपने साइरस मिस्त्री को कोई सलाह दी है? तो उन्होंने कहा, "नहीं, क्योंकि जब मैंने अपने कॅरियर की शुरुआत की थी तो लोगों ने मुझसे प्रश्न किया था कि आप जे.आर.डी. टाटा, अपने रोल मॉडल जैसा बनना चाहेंगे? उनके जैसा काम करेंगे? तो मैंने उत्तर दिया था—नहीं। मैं अपने मूल्यों और अपनी क्षमताओं के आधार पर काम करूँगा। मैं साइरस मिस्त्री से भी यही चाहता हूँ कि वह रतन टाटा बनने की कोशिश न करें। अपने मूल्यों और अपनी क्षमताओं के आधार पर अपनी पहचान बनाएँ और कंपनी को नए शिखर तक लेकर जाएँ।" रतन टाटा ने अपने जीवनकाल में अनेक ऐसे काम किए, जिनसे उनके नाम को हमेशा सराहा गया। हर उद्योगपति उनके जैसा होना चाहता है, उनके जैसा बनना चाहता है। ज्यादातर लोग सोचते हैं कि सफल व्यक्तियों के मार्ग पर चलकर हम सफल बन सकते हैं; लेकिन रतन टाटा इससे बिल्कुल अलग सोचते हैं।

> ***हर व्यक्ति की अलग-अलग विशेषताएँ, अलग-अलग गुण और प्रतिभाएँ होती हैं। अगर हम उन प्रतिभाओं को किसी और के जैसा बनने में लगाएँगे तो हम अपनी प्रतिभा को कभी निखार नहीं पाएँगे और अपने मौलिक गुणों को खो देंगे। इसलिए हमें अपनी प्रतिभाओं को पहचानकर उनका भरपूर उपयोग करना चाहिए। इतिहास में ऐसे अनेक उदाहरण हैं कि लोगों ने अपनी प्रतिभा पर काम किया है और अपनी विशेषता के बल पर अपनी पहचान बनाई है।***

हर व्यक्ति की अलग-अलग विशेषताएँ, अलग-अलग गुण और प्रतिभाएँ होती हैं। अगर हम उन प्रतिभाओं को किसी और के जैसा बनने में लगाएँगे तो हम अपनी प्रतिभा को कभी निखार नहीं पाएँगे और अपने मौलिक गुणों को खो देंगे। इसलिए हमें अपनी प्रतिभाओं को पहचानकर उनका भरपूर उपयोग करना चाहिए। इतिहास में ऐसे अनेक उदाहरण हैं कि लोगों ने अपनी प्रतिभा पर काम किया है और अपनी विशेषता के बल पर अपनी पहचान बनाई है। वह जीवन में अलग लक्ष्य स्थापित करने में कामयाब हुए हैं—राजनेता, उद्योगपति, समाजसेवी, साहित्यकार, खिलाड़ी, अभिनेता। हर अभिनेता एक ही डायलॉग को अलग-अलग

तरीके से बोलता है और उसके बोलने के तरीके से उसकी अलग पहचान बनती है। चाहे वह अमिताभ बच्चन हों, दिलीप कुमार हों, शाहरुख खान या आमिर खान—सबकी अपनी पहचान है। सभी अभिनेता अपने कॅरियर में शिखर पर रहे हैं। जब हम मौलिक गुणों के साथ आगे बढ़ते हैं तो हम हमेशा कुछ नया और विशेष करते हैं। वही विशेषता हमारी पहचान बनती है और हमारी कामयाबी के रास्ते खोलती है। हम कह सकते हैं कि रतन टाटा ने अगर जे.आर.डी. टाटा बनने की कोशिश की होती तो शायद वह इतने कामयाब न हो पाते। उन्होंने खुद कहा था—

"मैं उनके बाद आया, जिनके जूते बहुत बड़े थे। श्री जे.आर.डी. टाटा भारतीय बिजनेस समुदाय में लीजेंड थे। वे 50 सालों तक टाटा संगठन के शीर्ष पर बने रहे। आपने लगभग यह सोचना शुरू कर दिया था कि वह हमेशा के लिए रहेंगे।" ये शब्द बताते हैं कि कभी उन्होंने जे.आर.डी. टाटा को फॉलो नहीं किया और सदा उन्हें अपना आदर्श माना; लेकिन उनकी तरह काम करने की कोशिश नहीं की, न ही उनका स्थान प्राप्त करने की। जिन परिस्थितियों में जे.आर.डी. टाटा ने अपनी पहचान बनाई, वे अलग परिस्थितियाँ थीं, चुनौतियाँ अलग थीं। विश्व की आवश्यकताएँ अलग थीं, तो निर्माण के रास्ते भी अलग थे। इसलिए प्रत्येक व्यक्ति की समस्या के निदान का रास्ता अलग होता है। जरूरी नहीं होता कि सबके रास्ते एक जैसे हों। किसी महान् व्यक्ति ने उस रास्ते पर चलकर अपना लक्ष्य पाया हो तो आप भी उसी रास्ते पर चलकर अपना लक्ष्य पा सकें, यह जरूरी नहीं। इसलिए प्रतिभाशाली व्यक्ति को अपना रास्ता खुद बनाना चाहिए और अपने ढंग से सोचना चाहिए। अगर रतन टाटा की बात करें तो उन्होंने अपने कार्यकाल में टाटा समूह को ऊँचाइयों तक पहुँचाया है और यह उनकी सोच का ही नतीजा है। सफल व्यक्तियों की सफलताओं की अनेक कहानियाँ होती हैं, लेकिन हम उनकी कहानियाँ सुनकर खुद सफल नहीं बन सकते।

"मैं उनके बाद आया, जिनके जूते बहुत बड़े थे। श्री जे.आर.डी. टाटा भारतीय बिजनेस समुदाय में लीजेंड थे। वे 50 सालों तक टाटा संगठन के शीर्ष पर बने रहे। आपने लगभग यह सोचना शुरू कर दिया था कि वह हमेशा के लिए रहेंगे।" ये शब्द बताते हैं कि कभी उन्होंने जे.आर.डी. टाटा को फॉलो नहीं किया और सदा उन्हें अपना आदर्श माना; लेकिन उनकी तरह काम करने की कोशिश नहीं की, न ही उनका स्थान प्राप्त करने की।

उनके सुझावों पर अमल करके रास्ते को बेहतर बनाया जा सकता है; लेकिन अगर हम उनकी तरह बनने की कोशिश करें तो वैसा नहीं हो सकता।

महात्मा गांधी, सरदार भगत सिंह, नेताजी सुभाष चंद्र बोस, महान् साहित्यकार रवींद्रनाथ टैगोर, महान् गणितज्ञ श्रीनिवास रामानुजनम्, महान् समाजसेवी मदर टेरेसा, महान् उद्योगपति 'भारत रत्न. जे.आर.डी. टाटा, मिसाइलमैन एवं पूर्व राष्ट्रपति डॉ. ए.पी.जे. अब्दुल कलाम, दुग्ध क्रांति के जनक वर्गीज कुरियन, मेट्रोमैन ई. श्रीधरन, विश्वविख्यात सितार वादक पं. रविशंकर, महान् क्रिकेट खिलाड़ी सचिन तेंदुलकर, महान् पार्श्व गायिका लता मंगेशकर जैसे जितने भी महान् व सफल व्यक्ति हुए, उनकी अपनी अलग मौलिक प्रतिभाएँ थीं, जिससे उन्होंने विश्व में अपनी पहचान बनाई।

यही कारण था कि अपना कार्यभार साइरस मिस्त्री को सौंपते हुए रतन टाटा ने उनसे कहा, "तुम मेरी तरह काम मत करना, क्योंकि अगर तुम मेरे अनुसार काम करोगे तो न तो तुम रतन टाटा बन पाओगे, न ही तुम साइरस मिस्त्री रह पाओगे।" एक विश्वविद्यालय में डॉ. ए.पी.जे. अब्दुल कलाम और प्रो. यशपाल बैठे हुए थे। वहाँ यशपालजी ने विद्यार्थियों को संबोधित करते हुए कहा, "कलाम नहीं, कमाल के बनो।"

सादगी भरे साधारण रतन टाटा

अक्तूबर 2016 में रतन टाटा ग्वालियर के सिंधिया स्कूल में होनेवाले एक समारोह में गए थे। वहाँ उन्हें स्कूली बच्चों को संबोधित करना था। स्कूल की तरफ से मैनेजमेंट के कुछ लोग और उनके साथ एक बच्चा भी था, जो रतन टाटा को लेने के लिए स्कूल के स्टाफ के साथ एयरपोर्ट पर पहुँचा था। लड़के की आँखें चमक रही थीं उस नजारे को देखने के लिए, जब कोई बिजनेस आइकॉन किसी विमान से उतरता है तो कैसा लगता है! उसकी आँखों में हजारों सपने थे। सपनों में वह कभी खुद को वहाँ खड़ा पाता था। रतन टाटा उतरे, लोगों ने उनका सम्मान किया। लड़के ने इंतजार भरी आँखों से रतन टाटा के सामने सिर झुकाया, लेकिन वह बड़ी दुविधा में था। उसने बाद में बताया कि मुझे लगा था कि जब रतनजी विमान से उतरेंगे तो उनके साथ बहुत से बॉडीगार्ड होंगे, उनके सेक्रेटरीज की लाइन लगी होगी, आगे-पीछे लोगों का काफिला होगा। इतना बड़ा आदमी अकेले कैसे आ सकता है ? लेकिन मैं हैरान रह गया। बहुत देर तक देखने के बाद भी उनके पीछे

से कोई आता नहीं दिखाई दिया। वह बिल्कुल अकेले थे। न कोई बॉडीगार्ड, न कोई सेक्रेटरीज की लाइन, न कोई बाउंसर था, न ही उनके पास बैग्स थे, था तो बस एक छोटा सा जूट का बैग, जो उन्होंने मैनेजमेंट के लोगों को पकड़ा दिया था, जिसमें उनका जरूरी सामान था। उन्हें देखने के बाद वह लड़का शायद ही किसी और को अपना रोल मॉडल समझ पाए। सादगी भरे रतन टाटा उसके दिल पर हमेशा के लिए छाप छोड़ गए। बड़े हम अपने विचारों से बनते हैं, न कि अपने आसपास ऐसा माहौल बनाकर कि हम कितने बड़े हैं! रतन टाटा का 82 साल का जीवन ऐसे किस्सों से भरा हुआ है, जहाँ उन्होंने हमेशा ही अपनी सरलता और अपनी सादगी से लोगों का दिल जीत लिया था। यही कारण है कि वह अपने देशवासियों के दिलों पर राज करते हैं।

बात पिछले साल की है, जब रतन टाटा ने पहली बार इंस्टाग्राम इस्तेमाल करना शुरू किया। उनके 10,00,000 फॉलोवर्स लगभग तीन महीने में ही हो गए। उन्होंने अपनी बचपन की फोटो शेयर करते हुए अपनी खुशी जाहिर की थी। उन्होंने कहा, "यह अद्‌भुत ऑनलाइन परिवार है। जॉइन करते हुए मैंने ऐसी उम्मीद नहीं की थी। आप सब के प्यार के लिए बहुत-बहुत धन्यवाद।" इस पोस्ट पर एक महिला ने रतन टाटा को 'बधाई हो, छोटू' कहकर बधाई दी। महिला की आलोचना होने लगी। महिला ने अपना कमेंट डिलीट कर दिया, लेकिन रतन टाटा ने कहा, "हम सब में एक छोटा बच्चा होता है। इस चीज के लिए इस महिला का सम्मान किया जाना चाहिए।" लोगों ने उन्हें सम्मान से जो दिया है, उन्होंने हमेशा उसे अपनाया है।

दरियादिली

26 नवंबर, 2008 को मुंबई पर हमला हुआ और ताज होटल उसकी चपेट में आ गया। कई विदेशी पर्यटक मारे गए। एन.एस.जी. कमांडोज और पुलिस के सहयोग से ऑपरेशन खत्म कर आतंकवादियों को मार गिराया गया। होटल में जितने भी लोग घायल हुए थे, सबका इलाज टाटा ने कराया था। यही नहीं, घायल लोगों

का हाल-चाल लेने के लिए वह स्वयं हॉस्पिटल भी गए थे।

होटल के आसपास ठेला लगानेवाले लोगों, जो उस हमले से प्रभावित हुए थे, में से कुछ के ठेले टूट गए थे गोलीबारी की वजह से। उन सबको टाटा की तरफ से मदद मिली। क्रॉस फायरिंग में एक ठेलेवाले की बच्ची भी घायल हुई थी। उसके शरीर में धँसी गोलियाँ निकालने का पूरा खर्च टाटा ने उठाया था। साथ ही, जितने दिन होटल बंद रहा, उतने दिनों तक होटल के सभी कर्मचारियों को पूरा वेतन दिया गया था। वर्ष 2020 में कोरोना महामारी से लड़ने के लिए रतन टाटा ने 15,000 करोड़ रुपए का दान दिया।

दुनिया के अमीरों की बात करें तो बिल गेट्स के पास 86 अरब डॉलर, जबकि वॉरेन बफे के पास लगभग 76 अरब डॉलर की संपत्ति है; लेकिन टाटा इंडस्ट्रीज के मालिक रतन टाटा के पास लगभग 130 अरब डॉलर की संपत्ति है। रतन टाटा अपनी कमाई का 65 प्रतिशत हिस्सा दान कर देते हैं। उनकी कंपनी का जो भी प्रॉफिट होता है, वह उसे समाज कल्याण के लिए दान कर देते हैं। यह पैसा उनकी निजी फाइनेंशियल स्टेटमेंट में दर्ज नहीं होता। इसीलिए रतन टाटा की निजी संपत्ति 100 करोड़ से ऊपर नहीं जाती। वे झूठी चमक-दमक में विश्वास नहीं करते हैं। रतन टाटा सालों से मुंबई के कोलाबा में पुस्तकों एवं कुत्तों से भरे हुए एक बैचलर फ्लैट में रहते हैं।

दुनिया के अमीरों की बात करें तो बिल गेट्स के पास 86 अरब डॉलर, जबकि वॉरेन बफे के पास लगभग 76 अरब डॉलर की संपत्ति है; लेकिन टाटा इंडस्ट्रीज के मालिक रतन टाटा के पास लगभग 130 अरब डॉलर की संपत्ति है। रतन टाटा अपनी कमाई का 65 प्रतिशत हिस्सा दान कर देते हैं। उनकी कंपनी का जो भी प्रॉफिट होता है, वह उसे समाज कल्याण के लिए दान कर देते हैं। यह पैसा उनकी निजी फाइनेंशियल स्टेटमेंट में दर्ज नहीं होता।

"आप अफ्रीका जैसे देशों में और आपके आसपास तथा एशिया के कुछ हिस्सों में घोर गरीबी, भूखे व कुपोषित बच्चे को देखते हैं और आप अपने आप को देखते हैं, जो आराम से सुखपूर्वक जी रहे होते हैं। मुझे लगता है, यह कोई बहुत ही असंवेदनशील व्यक्ति होगा, जो यह नहीं सोचेगा कि उनके लिए कुछ किया जाना चाहिए।"

यूनिट इज स्ट्रेंथ

किसी भी कार्य को पूरा करने की समय-सीमा होनी चाहिए और वही कार्य करना चाहिए, जिसे करने में आनंद आता हो। अगर आप तेजी से चलना चाहते हैं तो अकेले चलिए, लेकिन अगर आप दूर तक चलना चाहते हैं तो साथ मिलकर चलिए। मिलकर बड़े-बड़े काम आसानी से किए जा सकते हैं। पीछे मुड़कर यह नहीं देखना चाहिए कि हम क्या नहीं कर पाए! दुनिया में करोड़ों लोग मेहनत करते हैं, फिर भी सबको भिन्न-भिन्न परिणाम प्राप्त होते हैं। इस सबके लिए मेहनत करने का तरीका जिम्मेदार है, इसलिए व्यक्ति को मेहनत करने के तरीके में सुधार करना चाहिए।

उन सारे पत्थरों को अपने पास रख लें, जिन्हें लोग आप पर फेंकते हैं और उन पत्थरों का उपयोग एक मजबूत स्मारक बनाने में करें।

"मैं काम करते हुए कुछ लोगों को ठेस पहुँचा सकता हूँ; लेकिन मैं किसी भी स्थिति में इस रूप में देखा जाना पसंद करता हूँ कि एक ऐसा व्यक्ति, जिसने किसी भी स्थिति में अपना सबसे अच्छा काम सबको साथ लेकर किया और बिना समझौता किए किया।"

सिर्फ काम को अहमियत दें

अधिकतर बड़े उद्योगपतियों में राजनीतिक रूप से सक्रिय रहने की बहुत उत्सुकता होती है, क्योंकि उन्हें पैसा और पावर दोनों ही चीजें आकर्षित करती हैं। राजनीति हमारी पावर को थोड़ा और बढ़ाती है, लेकिन रतन टाटा ऐसा नहीं सोचते। वे कहते हैं, "मैं निश्चित रूप से राजनीति में नहीं शामिल होऊँगा। मैं एक साफ-सुथरे बिजनेसमैन के तौर पर याद किया जाना पसंद करूँगा, जिसने सतह के नीचे की गतिविधियों में हिस्सा न लिया हो और जो काफी सफल रहा हो। कोई भी काम सार्वजनिक जाँच की कसौटी पर खरा उतरता है तो उसे करो।" अगर वह सार्वजानिक जाँच की कसौटी पर खरा नहीं उतरता है तो उसे मत करो। जीवन में केवल अच्छी शैक्षिक योग्यता या अच्छा कॅरियर ही काफी नहीं है, आपका लक्ष्य होना चाहिए कि एक संतुलित व सफल जिंदगी जी जाए। संतुलित जीवन का अर्थ है—आपका स्वास्थ्य, लोगों से अच्छे संबंध और मन की शांति; सबकुछ अच्छा होना चाहिए।

सम्मान कमाया जाता है, उसकी डिमांड नहीं की जा सकती

देश के दो दिग्गज उद्योगपति। अवसर था टाइकॉन मुंबई कार्यक्रम में रतन टाटा को 'लाइफ टाइम अचीवमेंट अवार्ड' दिया जाना था। वह अवार्ड देनेवाले

नारायण मूर्ति थे। नारायण मूर्ति, जो 73 साल के हैं, जैसे ही स्टेज पर आए, उन्होंने 82 साल के रतन टाटा के पैर छुए। सम्मान कमाया जाता है, सम्मान की डिमांड नहीं की जा सकती। जो रतन टाटा ने अपनी वर्षों की मेहनत से कमाया है, वह उनके दुनिया में रहते हुए और उनके जाने के बाद भी हमेशा रहेगा।

"केवल पैसा और शोहरत कमाना ही काफी नहीं है। सोचिए, जब आपका किसी से ब्रेकअप हो तो उस दिन कंपनी में प्रमोशन कोई मायने नहीं रखता। जब आपकी पीठ में दर्द हो तो कार ड्राइविंग करने में कोई आनंद नहीं आता, जब आपके दिमाग में टेंशन हो तो शॉपिंग करने में भी कोई मजा नहीं आता। यह जीवन आपका है। इसे इतना भी गंभीर मत बनाइए। हम सब इस दुनिया में कुछ पलों के मेहमान हैं तो जीवन का आनंद लीजिए। उसे ज्यादा गंभीरता से नहीं लेना चाहिए। हम लोग इस दुनिया में केवल एक मोबाइल के रिचार्ज की तरह हैं, जो अपनी वैलिडिटी के बाद समाप्त हो जाएगा। हमारी भी वैलिडिटी है। हम भाग्यशाली रहे तो कम-से-कम 50 साल तो जिएँगे ही। इन 50 सालों में केवल 2,500 सप्ताहांत होते हैं। क्या तब भी हमें केवल काम-ही-काम करने की जरूरत है? जीवन को इतना भी कठिन मत बनाइए कि खुशियाँ आपसे दूर रहें। सबकुछ ठीक है। कभी-कभी काम से छुट्टी लेना, क्लास बंक करना, किसी परीक्षा में कम मार्क्स

लाना या छोटे भाई-बहनों से कभी झगड़ना—सब ठीक है, चलता है। जब हम जिंदगी के आखिरी पड़ाव पर होंगे तो यही छोटी-छोटी बातें हमें हँसाएँगी और कंपनी के प्रमोशन, 24 घंटे लगातार काम—ये सब उस दिन कोई मायने नहीं रखेंगे। हम लोग इनसान हैं, कोई कंप्यूटर नहीं। जीवन का आनंद लीजिए।"

□

रतन टाटा की श्रेष्ठ 15 बातें

जब लोग आप पर पत्थर फेंकें तो उन पत्थरों का इस्तेमाल स्मारक बनाने में करें। बात जरा गहरी है, क्योंकि आपने हमेशा ईंट का जवाब पत्थर से देने की बात तो जरूर सुनी होगी, लेकिन यह आखिर कौन हैं, जो उन फेंके हुए पत्थरों से स्मारक बनाने की बात कर रहे हैं?

यह शब्द सिद्धांतों और उसूलों के दम पर कामयाबी पाने में भरोसा रखनेवाले भारतीय उद्योगपति रतन नवल टाटा के हैं। रतन टाटा देश के जाने-माने उन व्यक्तियों में से एक हैं, जिन्होंने व्यापार केवल फायदे के लिए नहीं किया, बल्कि व्यापार करते समय समाज के प्रति अपनी जिम्मेदारियों को भी याद रखा और अपने उसूलों पर कायम रहते हुए अपने नाम और पहचान दोनों को बनाया।

1. मुश्किलों भरा बचपन

रतन टाटा का बचपन बहुत अच्छा नहीं था। उनका जन्म 28 दिसंबर, 1937 को मुंबई में नवल टाटा और सोनू टाटा के घर हुआ, लेकिन जब रतन टाटा सिर्फ 7 साल के थे, तभी उनके माता-पिता ने अलग होने का फैसला किया और इसके बाद रतन टाटा और उनके भाई जिम्मी का पालन-पोषण उनकी दादी नवाजबाई टाटा ने किया। रतन

टाटा ने एक साक्षात्कार में अपनी दादी का जिक्र करते हुए बताया है कि 'उनकी जिंदगी में उनकी दादी नवाजबाई टाटा का बहुत बड़ा रोल रहा है।'

2. बेहतरीन छात्र

उनके पास बड़ी-बड़ी डिग्रियाँ हैं। उन्होंने आर्किटेक्चर में कॉर्नेल यूनिवर्सिटी से डिग्री ली है। हार्वर्ड बिजनेस स्कूल से पढ़ाई कर चुके रतन टाटा ने इस बिजनेस स्कूल को एक एग्जीक्यूटिव हॉल का निर्माण करने के लिए 50 मिलियन डॉलर दान किए थे, जिसे टाटा हॉल नाम दिया गया है।

3. परिवार के प्रति वफादारी

रतन टाटा ने अपनी शुरुआती पढ़ाई मुंबई और शिमला से की, इसके बाद वास्तुकला की डिग्री के लिए वे कॉर्नेल विश्वविद्यालय चले गए। इसके बाद उन्होंने हार्वर्ड बिजनेस स्कूल से एडवांस्ड मैनेजमेंट प्रोग्राम की पढ़ाई पूरी की।

रतन टाटा को आई.बी.एम. से जॉब का ऑफर आया, लेकिन उन्होंने आई.बी.एम. में नौकरी का ऑफर ठुकरा दिया। इसके बजाय उन्होंने अपने परिवार के बिजनेस में काम करने का फैसला किया। उन्होंने टाटा स्टील के शॉप फ्लोर से शुरुआत की।

रतन टाटा काफी शर्मीले स्वभाव के हैं और काफी सादगी के साथ जिंदगी जीने में विश्वास रखते हैं। उन्हें किताबों और पालतू जानवरों से काफी लगाव है। रतन अपने घर पर जब भी थोड़ा समय निकालते हैं तो वह किताबों और कुत्तों के साथ समय बिताना पसंद करते हैं।

4. टाटा ग्रुप को ले गए बुलंदियों पर

रतन टाटा ने एक भारतीय कंपनी को ग्लोबल बिजनेस प्लेयर बना दिया। उन्होंने जैगुआर, लैंड रोवर, कोरस और टेटली का अधिग्रहण किया। आज वे इस दुनिया के सबसे अमीर आदमियों में से एक हैं।

उन्होंने 1961 में टाटा ग्रुप के साथ मिलकर अपने कॅरियर की शुरुआत की। टाटा स्टील्स के शॉप फ्लोर पर ब्लास्ट फरनेस के काम को देखा। 1971 में रतन टाटा का प्रमोशन हुआ और वह राष्ट्रीय रेडियो और इलेक्ट्रॉनिक कंपनी के डायरेक्टर इंचार्ज हो गए। उस समय यह कंपनी काफी वित्तीय कठिनाइयों का सामना कर रही थी। नेल्को की बाजार में हिस्सेदारी सिर्फ 2 प्रतिशत थी और लगभग 40 प्रतिशत के घाटे में यह कंपनी जा चुकी थी। रतन ने जे.आर.डी. को सुझाव दिया कि उन्हें कंज्यूमर इलेक्ट्रॉनिक के बजाय टेक्नोलॉजी प्रोडक्ट में ज्यादा

इन्वेस्ट करना चाहिए। जे.आर.डी. ने रतन की इस बात को माना और कंपनी ने 1972-1975 के दौरान ही बाजार में 40 प्रतिशत हिस्सेदारी बढ़ा ली।

यह रतन टाटा की सूझबूझ का ही परिणाम था कि केवल 3 सालों में ही कंपनी घाटे से उभर आई। हालाँकि 1975 में जब देश की प्रधानमंत्री इंदिरा गांधी ने आपातकाल की घोषणा की तो कंपनी को एक बार फिर से काफी दिक्कतों का सामना करना पड़ा और कंपनी पर सात महीने के लिए ताला भी पड़ा रहा।

1991 में जे.आर.डी. (जहाँगीर रतनजी दादाभाई टाटा) ने रतन टाटा को टाटा ग्रुप का चेयरमैन बनाया। इसके बाद रतन टाटा ने टाटा संस के लिए काफी महत्त्वपूर्ण फैसले लिये। उन्होंने नए पदों पर युवाओं को जिम्मेदारी दी। रतन टाटा के इस प्रभावी फैसले का असर यह रहा कि टाटा कंसलटेंसी एक सार्वजनिक निगम बनी और टाटा मोटर्स न्यूयॉर्क स्टॉक एक्सचेंज में लिस्टिड हो गई।

5. अपनी जिद को बनाया जुनून

रतन टाटा ने अपनी जिद को जुनून बना लिया और सन् 1998 में व्हीकल के क्षेत्र में हाथ आजमाया और टाटा इंडिका नाम की कार को लॉन्च किया। बाजार में यह कार कुछ खास असर नहीं दिखा पाई और कार एक्सपर्ट्स ने भी इस कार में काफी तकनीकी खामियाँ बताईं। काफी नुकसान में जाने के बाद कंपनी के दूसरे साथियों ने रतन टाटा को कंपनी को बेचकर घाटे की भरपाई करने की सलाह दी।

रतन ने साथियों के सुझाव को मानकर अमेरिका जाकर फोर्ड के मालिक बिल फोर्ड के साथ मीटिंग की और अपनी कार कंपनी को उन्हें बेचने का प्रस्ताव रखा। फोर्ड ने रतन का काफी मजाक उड़ाया और कहा कि अगर कार बनानी ही नहीं आती है तो इस काम में आए ही क्यों हैं, आपकी कंपनी को खरीदकर हम आप पर अहसान कर रहे हैं। फोर्ड की यह बात रतन को काफी बुरी लगी और वे बिना किसी डील के ही अपनी टीम के साथ भारत लौट आए। रतन टाटा ने इसके बाद कंपनी को किसी को भी नहीं बेचने का फैसला किया और कार को बेहतर बनाने की रिसर्च करने में जुट गए। काफी समय तक मेहनत करने के बाद रतन टाटा ने कार बाजार में अपने आपको काफी दृढ़ता के साथ स्थापित किया।

इसे इत्तेफाक कहें या बड़े बोल का नतीजा, क्योंकि कार कंपनी फोर्ड को इतना घाटा हुआ कि फोर्ड के मालिक बिल फोर्ड ने कंपनी को बेचने का फैसला किया। 2008 में टाटा मोटर्स ने जैगुआर और लैंड रोवर को बिल फोर्ड से खरीद लिया। यह सौदा 1.15 अरब पाउंड में हुआ।

टाटा मोटर्स आज भारत में ही नहीं, बल्कि विदेशों में भी कार निर्माण के क्षेत्र में एक जाना-माना नाम है। टाटा हैरियर, टाटा नैसन, टाटा टिआगो, टाटा जेस्ट, टाटा हेग्जा जैसी कारों को टाटा मोटर्स ने बनाया है और लोगों ने इन्हें काफी पसंद भी किया है।

इस वक्त टाटा समूह के अंतर्गत 110 कंपनियाँ आती हैं, जिसमें चाय से लेकर टाटा के पाँच सितारा होटल और नैनो से लेकर हवाईजहाज तक शामिल हैं। इन कंपनियों की शुरुआत तब हुई, जब वो इस ग्रुप का नेतृत्व कर रहे थे।

6. कॉरपोरेट जगत् के बड़े नामों में शुमार

उनका नाम मित्सुबिशी कॉरपोरेशन के बोर्ड में रेकमेंड किया गया था। इन कंपनियों में चोटी की कंपनियों के नाम शामिल हैं। इन कंपनियों के नाम हैं बूज एलेन हैमिल्टन, जेपी मॉर्गन चेज और ए.आई.जी.।

टाटा समूह के साथ हर कोई बिजनेस करना चाहता है, इसी चाह के साथ जापानी टेलिकॉम कंपनी एन.टी.टी. डोकोमो भी टाटा के साथ जुड़कर काम करने के लिए भारत आई। एन.टी.टी. डोकोमो ने टाटा में 26.5 प्रतिशत की हिस्सेदारी के साथ लगभग 13 हजार करोड़ की इन्वेस्टमेंट की। इस इन्वेस्टमेंट के साथ ही टाटा ने एन.टी.टी. डोकोमो के साथ एक वादा किया कि जब भी एन.टी.टी. डोकोमो जाना चाहेगी तो वह उसे उस समय की मार्केट वैल्यू के हिसाब से हिस्सेदारी वापस करेगा।

टाटा डोकोमो नहीं चल पाई और कंपनी नुकसान में जाने लगी। एन.टी.टी. डोकोमो ने टाटा से कहा कि वह उनके लिए कोई दूसरे बायर की तलाश कर दे, लेकिन टाटा समूह ऐसा भी नहीं कर पाया। उस समय तक सायरस मिस्त्री चेयरमैन के पद पर आ चुके थे। सायरस मिस्त्री ने उस समय की मार्केट वैल्यू के हिसाब से एन.टी.टी. डोकोमो को रिटर्न देने से मना कर दिया। उन्होंने कहा कि ऐसा करना घाटे का सौदा होगा। एन.टी.टी. डोकोमो ने कोर्ट का दरवाजा खटखटाया।

टाटा समूह दुनिया भर में अपने उसूलों और सिद्धांतों की वजह से भी जाना जाता है। और टाटा समूह की साख पर कोई दाग लगे ऐसा रतन टाटा को मंजूर नहीं था। 24 अक्तूबर, 2016 को सायरस मिस्त्री को टाटा संस के चेयरमैन पद से हटा दिया गया। 28 फरवरी को टाटा संस और एन.टी.टी. डोकोमो ने कोर्ट में एक साथ संयुक्त याचिका दायर की और सिर्फ एक ही दिन में मामले को आपसी समझौते से सुलझा लिया।

रतन टाटा ने अपने उसूलों और सिद्धांतों के साथ कोई समझौता नहीं किया और टाटा संस की गरिमा को ऐसे ही बनाए रखने में सहयोग किया।

7. कारों से लगाव

वो अपनी कारों के प्रति अपने प्रेम को व्यक्त करना कभी नहीं भूलते। अपने खाली समय में वो कार चलाना पसंद करते हैं। अपनी फरारी कैलिफोर्निया सुपरकार के साथ समय बिताना उन्हें अच्छा लगता है। उनके पास फरारी, कैडिलैक, क्राइस्टर

सेब्रिंग से लेकर मर्सिडीज 500 जैसी लग्जरी गाड़ियाँ हैं।

रतन टाटा अपनी कही हुई बात पर खरा उतरना अच्छे से जानते हैं। अपनी कल्पना को हकीकत में कैसे सच करना है, इस बात को रतन टाटा बखूबी जानते हैं। रतन टाटा चाहते थे कि हर किसी व्यक्ति का कार खरीदने का सपना पूरा हो। लोगों के इसी सपने को ध्यान में रखते हुए रतन टाटा ने 2008 में नई दिल्ली में आयोजित ऑटो एक्सपो में नैनो कार को दुनिया के सामने पेश किया। यह कार रतन टाटा के ड्रीम प्रोजेक्ट में से एक है। टाटा चाहते थे कि एक ऐसी कार भी हो, जिसकी कीमत 1 लाख रुपए तक हो, और उन्होंने अपनी इस बात को नैनो को पेश करके पूरा कर दिया।

8. पायलट बने

जे.आर.डी. टाटा की तरह ही, उन्हें भी विमान उड़ाने का शौक है। उनके पास पायलट का लाइसेंस है और अकसर वो अपनी कंपनी के विमानों को उड़ाते हैं। वे एयर एशिया ग्रुप के चीफ टोनी फर्नांडिस को विमान से उड़ाकर दिल्ली तक लेकर आए।

वर्ष 2007 में बेंगलुरु एयर-शो के दौरान उन्होंने एफ-16 फैल्कन विमान भी उड़ाया था।

9. परंपरा से परोपकारी

वे परंपरा से परोपकारी हैं, हालाँकि उनका नाम अरबपतियों की लिस्ट में या कागजों पर दुनिया के सबसे अमीर आदमियों में दर्ज नहीं है। इसका कारण यह है कि अपने संस्थानों और ट्रस्ट के जरिए ज्यादार शेयर्स के मालिक वही हैं। उनकी कुल दौलत 72 बिलियन डॉलर है।

रतन टाटा अपनी उदारता और सहजता के लिए भी जाने जाते हैं, टाटा संस का 66 प्रतिशत मुनाफा सामाजिक कार्यों के लिए दिया जाता है। इस पैसे को समाज कल्याण में लगाया जाता है। जब 26 नवंबर, 2008 को मुंबई के ताज होटल में आतंकवादियों ने हमले को अंजाम दिया तो टाटा संस ने होटल के सभी कर्मचारियों से लेकर हर स्टॉफ का खर्च उठाया था। टाटा ने होटल के बाहर काम कर रहे हर व्यक्ति को, जो भी उस हादसे का शिकार हुआ था, उसकी मदद की थी। यह बात आप शायद ही जानते होंगे कि ताज होटल भी टाटा संस का ही हिस्सा है।

10. पद्म भूषण और पद्म विभूषण से पुरस्कृत

रतन टाटा के टाटा संस में अहम योगदान को देखते हुए और समाज के प्रतिं उनकी उदारता को ध्यान में रखते हुए ही भारत सरकार उन्हें दो उच्च सम्मान से सम्मानित कर चुकी है। सन् 2000 में भारत सरकार ने रतन टाटा को भारत के तीसरे सबसे उच्च नागरिक सम्मान पद्म भूषण से सम्मानित किया। इसके बाद समाज में उनके कद को और भी ज्यादा ऊँचा होते देख वर्ष 2008 में उन्हें दूसरे सबसे उच्च नागरिक सम्मान 'पद्म विभूषण' से सम्मानित किया गया।

रतन टाटा कई और भी दूसरे सम्मानों से नवाजे जा चुके हैं, इतना ही नहीं, वे कई बड़ी कंपनियों के बड़े सलाहकारों और महत्त्वपूर्ण पदों पर आसीन भी रह चुके हैं।

11. नाइट्स ग्रैंड क्रॉस से सम्मानित

उन्होंने ब्रिटिश साम्राज्य की 'नाइट्स ग्रैंड क्रॉस' की पदवी प्राप्त की। इस सम्मान को प्राप्त करनेवाले वो पहले भारतीय थे। महारानी एलिजाबेथ द्वितीय ने

साल 2009 में उन्हें यह सम्मान दिया था। उसी साल उन्हें 'ऑर्डर ऑफ मेरिट ऑफ द इटैलियन रिपब्लिक' से भी सम्मानित किया गया था।

12. स्टार्टअप्स में निवेश किया

उन्होंने अलग-अलग तरह के बिजनेस में निवेश किया है, जिनमें पेटीएम, नेस्टावे और ओला शामिल हैं। उन्होंने चीनी स्मार्टफोन में भी निवेश किया। उस चीनी ब्रांड का नाम शाओमी है, जो अप्रैल 2015 में किया था।

देश-विदेश में टाटा संस की 100 से भी ज्यादा कंपनियाँ काम कर रही हैं। आप अपनी रोजमर्रा की जिंदगी में टाटा के अनेक प्रोडक्ट्स और सेवाओं का लाभ उठाते हैं। 'टाटा नमक यानी देश का नमक' यह लाइन तो आपने टी.वी. विज्ञापन में सुनी ही होगी।

टाटा नमक देश का नमक होने के साथ-साथ टाटा संस का ही नमक है। इसके अलावा टाटा मोटर्स, टाटा कंसलटेंसी सर्विस, टाटा एडवांस सिस्टम लिमिटेड, टाटा पावर, टाटा कैमिकल, टाटा ग्लोबल बिवरेजेस, टाटा कॉफी, टाटा टेलिसर्विसेस, टाटा वोल्टास एसी, टाइटन घड़ियाँ, टाटा टी, यें सभी टाटा की सर्विसेस हैं, जो आप तक पहुँचती हैं।

13. शादी होते-होते टल गई

स्वभाव से शर्मीले रतन टाटा ने एक बार एक इंटरव्यू में अपनी संभावित शादी के बारे में बताया। वे दुनिया की झूठी चमक-दमक में विश्वास नहीं करते। रतन टाटा ने कभी शादी नहीं की, हालाँकि उनको चार बार प्यार भी हुआ, लेकिन चारों बार हालात ऐसे बने कि किसी-न-किसी वजह से उनका प्यार अधूरा रह गया। उन्होंने कहा कि 'हर बार मैं करीब आ गया था, लेकिन कुछ कारणों से मैंने पीछे हटने का फैसला किया।'

14. नॉन-एग्जीक्यूटिव चेयरमैन बने

रतन टाटा महज 21 साल की उम्र में ही टाटा समूह के चेयरमैन बन गए और जल्दी ही इस समूह को ऊँचाइयों पर पहुँचा दिया। वे साल 2002 में 65 साल की उम्र में रिटायर होना चाहते थे। टाटा संस का बोर्ड नहीं चाहता था कि वो रिटायर हों और इसलिए उन्होंने साल 2005 में उन्हें नॉन-एग्जीक्यूटिव चेयरमैन बनाने का फैसला किया। उन्होंने ऐसा इस वजह से तय किया, क्योंकि इस पोजिशन पर वो 75 साल की उम्र तक रिटायर नहीं हो सकेंगे।

15. 75 की उम्र में रिटायरमेंट

साल 2012 में जब वे 75 की उम्र में आखिर में रिटायर हुए, तब टाटा ग्रुप का

राजस्व 1991 में आनेवाले राजस्व से 46 गुना ज्यादा था।

रतन टाटा का मानना है कि जिंदगी में आगे बढ़ने के लिए उतार-चढ़ाव का बना रहना जरूरी है। ई.सी.जी. में भी सीधी लाइन का मतलब होता है कि आप ज़िंदा नहीं हैं।

रतन टाटा 83 साल के हो चुके हैं, लेकिन जिंदगी को जीने का उनका जज्बा आज भी कमाल का है। वे कहते हैं, "वह दिन, जिस दिन मैं उड़ने में असमर्थ रहूँगा, वह दिन मेरे लिए सबसे बुरा दिन होगा।"

रतन टाटा को जानवरों से हमेशा से ही लगाव रहा है, इसलिए उन्होंने अपने बॉम्बे वाले मुख्यालय में गली में घूमनेवाले कुत्तों के लिए एक जगह खाली रखी है। उनके पास दो पालतू कुत्ते भी हैं।

□

संदर्भ

1. www.tata.com
2. www.srtt.org
3. www.tatamotors.com
4. www.businessworld.in
5. www.deshgujarat.com
6. www.daylife.com
7. www.team-bhp.com
8. www.livemint.com
9. www.photogallery.outlookindia.com
10. www.pmindia.nic.in
11. www.thesagefoundation.com

रतन टाटा की विरासत

एक संवेदनशील नेता, दूरदर्शी उद्योगपति, परोपकारी और भारत के सच्चे ब्रांड एंबेसडर—रतन टाटा के लिए उपाधियों की सूची उतनी ही लंबी थी, जितनी मुंबई के 'नेशनल सेंटर फॉर द परफॉर्मिंग आर्ट्स' के बाहर उनकी श्रद्धांजलि-सभा में खड़े लोगों की कतार। टाटा समूह के महान् चेयरमैन रतन टाटा के निधन ने भारत को शोकसंतप्त कर दिया। रतन टाटा का 86 वर्ष की आयु में निधन हो गया और उन्होंने नवाचार की एक विशाल विरासत पीछे छोड़ी। उन्हें ब्रिच कैंडी अस्पताल में गंभीर स्थिति में भर्ती कराया गया था और वे गहन चिकित्सा में थे। 9 अक्तूबर, 2024 को रात 11:30 बजे वृद्धावस्था से जुड़ी समस्याओं के चलते उनका निधन हो गया।

उनकी मृत्यु के पश्चात् महाराष्ट्र सरकार और झारखंड सरकार ने एक दिन

के राजकीय शोक की घोषणा की। 10 अक्तूबर को उन्हें राजकीय सम्मान के साथ अंतिम विदाई दी गई। उनके अंतिम संस्कार का आयोजन वर्ली स्थित पारसी शवदाह गृह में किया गया। इस अवसर पर उन्हें सैन्य सम्मान और 21 तोपों की सलामी दी गई। मुंबई पुलिस ने उन्हें 'गार्ड ऑफ ऑनर' प्रदान किया और उनके पार्थिव शरीर को भारतीय तिरंगे में लपेटा गया।

टाटा समूह अपनी परोपकारी विरासत के लिए जाना जाता है, जो अपने 65 प्रतिशत मुनाफे को शिक्षा, स्वास्थ्य-सेवा, महिला सशक्तीकरण और पर्यावरण जैसे क्षेत्रों में काम कर रहे परोपकारी ट्रस्टों को निर्देशित करता है। रतन टाटा के नेतृत्व में समूह का विस्तार हुआ, साथ-ही-साथ परोपकार पर उनका ध्यान भी और अधिक आकृष्ट हुआ। रतन टाटा ने एक ऐसे व्यवसाय का दृष्टिकोण प्रस्तुत किया, जहाँ समाज एक प्रमुख हितधारक है। उन्होंने कॉर्पोरेट के सामाजिक उत्तरदायित्व पर बल दिया और भारत में शिक्षा, स्वास्थ्य और ग्रामीण विकास को समर्थन देने वाले अनेक परोपकारी ट्रस्टों की स्थापना में महत्त्वपूर्ण भूमिका निभाई।

व्यक्तिगत रूप से भी रतन टाटा ने अपनी वसीयत में अपने घरेलू और कार्यालय स्टाफ को 3 करोड़ रुपए से अधिक की राशि प्रदान की है। टाइम्स ऑफ इंडिया की रिपोर्ट के अनुसार, अक्तूबर 2024 में निधन के समय उन्होंने निर्देश दिया कि उनके साथ सात वर्ष या उससे अधिक समय तक कार्य करने वाले घरेलू सेवकों को उनकी संपत्ति से 15 लाख रुपए वितरित किए जाएँ। साथ ही उनके अंशकालिक सहायकों और कार क्लीनरों को 1 लाख रुपए की राशि दी जानी चाहिए।

रतन टाटा ने अपनी 3,800 करोड़ रुपए की संपत्ति का अधिकांश हिस्सा 'रतन टाटा एंडोमेंट फाउंडेशन' और 'रतन टाटा एंडोमेंट ट्रस्ट' को प्रदान किया, फिर भी कुछ वर्षों से साथ निभा रहे सेवकों को विशेष रूप से उनकी वसीयत में स्थान मिला।

रतन टाटा ने अपने पुराने रसोइए राजन शॉ को 1 करोड़ रुपए से अधिक की राशि दी, जिसमें 51 लाख रुपए का ऋण माफ किया गया। उनके बटलर सुब्बैया कोनार को 66 लाख रुपए मिले, जिसमें 36 लाख रुपए का ऋण माफ किया गया। उनकी सचिव डेलनाज गिल्डर को 10 लाख रुपए की राशि प्रदान की गई। उनके कार्यकारी सहायक शांतनु नायडू के लिए कॉर्नेल विश्वविद्यालय में एम.बी.ए. हेतु दिए गए 1 करोड़ रुपए का ऋण भी माफ कर दिया गया। उन्होंने अपने पड़ोसी और ड्राइवर राजू लियोन को भी क्रमश: एक निजी ऋण तथा 18 लाख रुपए का ऋण माफ किया।

रतन टाटा ने निर्देश दिए कि उनके वस्त्र गैर-सरकारी संगठनों को दान में दिए जाएँ, ताकि वे जरूरतमंदों में वितरित किए जा सकें। रतन टाटा का समाज के प्रति समर्पण उनकी आवारा पशुओं के प्रति करुणा में भी झलकता है। पशुप्रेमी रतन टाटा ने अपने पालतू कुत्ते 'टीटो' के लिए भी अपनी वसीयत में विशेष उल्लेख किया। उन्होंने जर्मन शेफर्ड टीटो के लिए 12 लाख रुपए की राशि निर्धारित की, जिसमें प्रत्येक तिमाही 30,000 रुपए की राशि वितरित की जाएगी। टीटो की देखभाल उनके रसोइए राजन शॉ द्वारा की जाएगी।

रतन टाटा की वसीयत, जो 23 फरवरी, 2022 को तैयार की गई थी, में 'नो-कॉन्टेस्ट क्लॉज' जोड़ा गया, जिससे कोई भी लाभार्थी कानूनी रूप से वसीयत

को चुनौती नहीं दे सकता। यह क्लॉज यह सुनिश्चित करता है कि रतन टाटा की इच्छाओं का पूर्ण सम्मान हो।

उनकी मृत्यु पर प्रधानमंत्री नरेंद्र मोदी, उद्योगपति आनंद महिंद्रा, गूगल के सी.ई.ओ. सुंदर पिचाई और फ्रांस के राष्ट्रपति इमैनुएल मैक्रों जैसे विश्व के प्रमुख नेताओं ने शोक व्यक्त किया। केंद्रीय गृहमंत्री अमित शाह और पीयूष गोयल सहित अनेक केंद्रीय मंत्रियों एवं उद्योगपतियों ने अंतिम यात्रा में भाग लिया।

रतन टाटा के निधन से एक युग का अंत हुआ है, एक ऐसा युग, जिसे दूरदर्शी नेतृत्व, वैश्विक महत्त्वाकांक्षा और परोपकार की भावना ने परिभाषित किया। टाटा समूह को एक वैश्विक इकाई में रूपांतरित करने वाले इस दूरदर्शी नेता की विरासत आने वाली पीढ़ियों को प्रेरणा देती रहेगी। राष्ट्र भर से आने वाली श्रद्धांजलियों से यह स्पष्ट हो जाता है कि रतन टाटा का प्रभाव केवल व्यापार तक सीमित नहीं था; उन्होंने अपने नैतिक आचरण और समाज-कल्याण की प्रतिबद्धता के माध्यम से अनगिनत लोगों को प्रेरित किया। उनका न होना न केवल कॉर्पोरेट जगत् में बल्कि उन लाखों लोगों के बीच गहराई से महसूस किया जाएगा, जिन्होंने भारत को बेहतर बनाने के उनके समर्पण की सराहना की।

उनकी दृष्टि और सिद्धांतों को आगे बढ़ाने की जिम्मेदारी अब उनके उत्तराधिकारियों और टाटा समूह के वर्तमान नेतृत्व पर है। यह वह समय है, जब टाटा की विचारधारा, नैतिक मूल्यों एवं परोपकारी भावना को संरक्षित कर नवाचार और विकास के पथ पर आगे बढ़ा जाए। रतन टाटा का जाना एक अपूरणीय क्षति है, लेकिन उनकी विरासत भारत और दुनिया को आगे बढ़ाने के लिए मार्गदर्शन देती रहेगी।

□□□